中国学生成长速读书

总策划／邢涛　主编／龚勋

中国青少年百科全书

人类社会

汕头大學出版社

中 / 国 / 青 / 少 / 年 / 百 / 科 / 全 / 书
ENCYCLOPEDIA FOR THE YOUNGSTERS

Contents | 目录

中国青少年百科全书（人类社会）

Part 1 第一章
世界历史

在这里，人类社会的各个发展阶段让你轻松跨越，整个世界历史的发展进程让你详尽了解。

人类的进化
- 12 南方古猿
- 12 能人
- 12 直立人
- 12 早期智人
- 12 晚期智人
- 13 母系氏族社会
- 13 父系氏族社会
- 13 公有制度的崩溃
- 13 国家产生

巴比伦王国
- 14 苏美尔城邦
- 14 古巴比伦王国
- 14 赫梯帝国
- 15 美索不达米亚的"黑暗时代"
- 15 亚述人的统治
- 15 新巴比伦王国
- 15 新巴比伦王国灭亡

古埃及
- 16 古埃及的统一
- 16 左塞和古王国的创建
- 16 中王国时期
- 16 新王国时期
- 17 拉美西斯二世的征战
- 17 法老
- 17 金字塔
- 17 古埃及的天文和历法

古印度
- 18 哈拉帕文明
- 18 吠陀时代
- 18 难陀王朝
- 18 孔雀帝国
- 19 阿育王
- 19 笈多王朝
- 19 种姓制度

古希腊
- 20 克里特文明
- 20 迈锡尼文明
- 20 希波战争
- 20 伯罗奔尼撒战争

古罗马
- 21 罗马的起源
- 21 罗马称霸地中海
- 21 恺撒大帝
- 21 古罗马帝国的分裂

玛雅
- 22 玛雅帝国
- 22 玛雅金字塔
- 22 玛雅的艺术
- 22 玛雅人的天文历法

拜占庭帝国
- 23 拜占庭帝国的建立
- 23 君士坦丁大帝
- 23 拜占庭帝国瓦解

欧洲文艺复兴运动
- 24 文艺复兴运动开始
- 25 文艺复兴盛期
- 25 文艺复兴晚期

英国资产阶级革命
- 26 斯图亚特王朝建立
- 26 第一次内战
- 26 第二次内战
- 27 查理一世上断头台
- 27 英国成为共和国
- 27 克伦威尔独裁
- 27 "光荣革命"
- 27 英国颁布《权利法案》

启蒙运动
- 28 孟德斯鸠
- 28 伏尔泰
- 28 卢梭
- 28 狄德罗

彼得一世时代的俄国
- 29 彼得一世改革
- 29 彼得一世迁新都
- 29 北方战争

Contents | 目录

中国青少年百科全书（人类社会）

法国大革命与拿破仑时代
- 30 三级会议召开
- 30 攻占巴士底狱
- 30 《人权宣言》
- 30 法兰西第一共和国
- 31 雅各宾派专政
- 31 法兰西第一帝国
- 31 《拿破仑法典》
- 31 拿破仑退位
- 31 滑铁卢战役

美国的独立与内战
- 32 殖民地的高压统治
- 32 波士顿倾茶事件
- 32 第一届大陆会议
- 32 莱克星顿的枪声
- 33 《独立宣言》
- 33 萨拉托加大捷
- 33 南北战争
- 33 葛底斯堡战役
- 33 胜利会师

工业革命时代
- 34 纺织工业技术革命
- 34 蒸汽机的发明
- 34 火车的发明
- 34 轮船的发明
- 35 工人运动的兴起
- 35 英国工人宪章运动
- 35 空想社会主义
- 35 马克思主义诞生
- 35 1848年欧洲革命

亚、非、拉民族民主运动
- 36 海地革命
- 36 印度反英民族大起义
- 36 南美洲独立运动
- 36 苏丹马赫迪起义

第一次世界大战
- 37 萨拉热窝事件
- 37 凡尔登和索姆河战役
- 37 第一次世界大战的后果与影响

第二次世界大战
- 38 德军突袭波兰
- 38 诺曼底登陆
- 38 德、意、日投降

Part 2 第二章
中国历史
跨越千年时光，中国历史的治乱兴衰、中华民族源远流长的文化传统，让你在这里全面领略。

史前文明
- 40 元谋人
- 40 北京人
- 40 山顶洞人
- 40 仰韶文化 
- 41 河姆渡文化
- 41 大汶口文化
- 41 中华始祖——黄帝
- 41 尧舜时代

夏与商
- 42 夏启立国
- 42 夏桀亡国
- 42 成汤建商
- 42 商朝灭亡

周
- 43 西周的建立
- 43 西周灭亡与东周的建立
- 43 春秋战国
- 43 封建制度的确立

秦
- 44 秦朝建立
- 44 秦中央机构的设立
- 44 郡县体制的设立
- 44 统一度量衡
- 45 统一文字
- 45 焚书坑儒
- 45 万里长城
- 45 陈胜、吴广起义
- 45 秦朝统治的灭亡

汉
- 46 汉朝的建立
- 46 "与民休息"的政策
- 46 对匈奴的重大胜利
- 46 丝绸之路
- 47 王莽改制

47 绿林、赤眉起义
47 东汉王朝的建立
47 "光武中兴"
47 黄巾起义

三国
48 官渡之战
48 曹操统一北方
48 赤壁之战
48 三国鼎立时代结束

两晋南北朝
49 西晋的建立
49 东晋王朝的建立
49 南北朝时代
49 淝水之战

隋
50 隋朝的建立
50 官制的改革
50 科举制的雏形
50 均田制的推行
51 隋炀帝的暴政
51 隋与台湾的联系
51 大运河的开通
51 隋炀帝征高丽
51 隋朝的灭亡

唐
52 唐朝的建立
52 玄武门之变
52 贞观之治
53 武周革命
53 开元盛世
53 诗歌的黄金时代

53 安史之乱
53 五代十国

宋、辽、西夏和金
54 北宋的建立
54 王安石变法
54 靖康之变
54 南宋的建立
55 岳飞抗金
55 耶律阿保机建辽
55 西夏建立
55 金太祖开国

元
56 蒙古汗国建立
56 成吉思汗西征
56 忽必烈称帝
56 蒙古四大汗国
57 元统一中国
57 元大都的兴建
57 马可·波罗到达大都
57 元末的社会矛盾
57 元朝的灭亡

明
58 明朝的建立
58 特务机构的初现
58 靖难之役
59 郑和下西洋
59 永乐迁都
59 倭寇之患
59 明末农民大起义

清
60 建州女真统一
60 创立八旗制度
60 后金建国
61 皇太极即位
61 建号大清国

61 清兵入关
61 康乾盛世
62 鸦片战争
62 太平天国运动
62 戊戌变法
62 辛亥革命
62 清朝灭亡

Part 3 第三章
国家与国际组织

中国在世界上并非孤独地存在，还有许多国家分布在全球各地，各种国际组织将它们紧密相连。

亚洲
64 中华人民共和国
64 日本国
64 越南社会主义共和国
64 菲律宾共和国
65 新加坡共和国
65 印度共和国
65 伊朗伊斯兰共和国
65 土耳其共和国

欧洲
66 俄罗斯联邦
66 丹麦王国
66 大不列颠及北爱尔兰联合王国
67 法兰西共和国
67 德意志联邦共和国
67 瑞士联邦
67 意大利共和国
67 西班牙王国

Contents | 目录

中国青少年百科全书（人类社会）

非洲
- 68 阿拉伯埃及共和国
- 68 大阿拉伯利比亚人民社会主义民众国
- 68 尼日利亚联邦共和国
- 69 坦桑尼亚联合共和国
- 69 苏丹共和国
- 69 肯尼亚共和国
- 69 津巴布韦共和国
- 69 南非共和国

美洲
- 70 加拿大
- 70 美利坚合众国
- 70 墨西哥合众国
- 71 巴拿马共和国
- 71 古巴共和国
- 71 哥伦比亚共和国
- 71 阿根廷共和国
- 71 巴西联邦共和国

大洋洲
- 72 澳大利亚联邦
- 72 新西兰
- 73 基里巴斯共和国
- 73 萨摩亚独立国
- 73 瑙鲁共和国
- 73 汤加王国
- 73 斐济群岛共和国

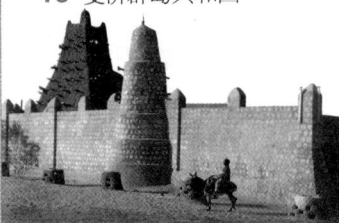

国际组织
- 74 欧洲联盟
- 74 联合国
- 74 亚太经济合作组织

Part 4 第四章
交通、产业及工程

人类物质文明离不开交通、产业及工程等的发展，而它们也以日新月异的发展为人类提供着更多的帮助。

自行车
- 76 自行车的历史
- 76 自行车运动
- 76 自行车的构造
- 76 自行车类型

摩托车
- 77 摩托车的结构
- 77 第一辆摩托车
- 77 形形色色的摩托车

汽车
- 78 世界主要汽车厂商商标
- 78 汽车的组成部分
- 78 汽车的类型

火车
- 79 蒸汽机车
- 79 内燃机车
- 79 电力机车
- 79 磁悬浮列车

船舶
- 80 帆船
- 80 汽船
- 81 货轮
- 81 客轮
- 81 气垫船
- 81 游艇

飞行器
- 82 莱特"飞行者"
- 82 飞机的结构
- 82 单翼、双翼与三翼飞机
- 82 客机
- 83 轻型飞机
- 83 直升机
- 83 热气球

道路
- 84 古代道路
- 84 现代道路
- 84 交通疏导
- 85 道路上的各种设施
- 85 交通标志
- 85 公路网

产业
- 86 产业的分类
- 86 食品加工业
- 86 造纸工业
- 87 石油生产

87 采矿与冶金
87 农业机械化

公共工程
88 桥梁工程
88 运河
88 隧道

Part 5 第五章
军事

武器装备、军队、作战方式、军用标志……让我们带你走进神秘的军事世界。

冷兵器
90 剑
90 矛
90 刀
90 弓和弩
90 战车

轻武器
91 形形色色的枪械
91 枪械的发展
91 枪械的战术性能

手枪
92 手枪的组成
92 手枪的发展
92 手枪的种类

步枪
93 步枪的组成
93 自动步枪

93 卡宾枪
93 狙击步枪

冲锋枪
94 冲锋枪的组成
94 冲锋枪的发明
94 微型冲锋枪

机枪
95 机枪的构成
95 轻机枪
95 重机枪

火炮
96 榴弹炮
96 加农炮
96 迫击炮
97 火箭炮
97 反坦克炮
97 高射炮
97 电磁炮
97 舰炮

装甲车
98 步兵战车
98 装甲侦察车
98 装甲救护车
99 装甲工程车
99 坦克架桥车
99 布雷车
99 扫雷车

坦克
100 坦克的结构
100 坦克的发明
100 坦克的战术性能
100 坦克的履带
101 主战坦克
101 水陆坦克

101 侦察坦克

军用飞机
102 军用飞机的结构
102 战斗机
102 攻击机
103 轰炸机
103 军用运输机
103 预警机
103 侦察机
103 军用直升机

军舰
104 军舰的构成
104 战列舰
104 巡洋舰
104 驱逐舰
105 护卫舰
105 航空母舰

导弹
106 导弹的结构
106 导弹的种类
106 弹道导弹
107 巡航导弹
107 地地导弹
107 地空导弹
108 舰空导弹
108 空空导弹
108 单兵便携式防空导弹
108 空地导弹
109 空舰导弹
109 岸舰导弹
109 舰舰导弹
109 反辐射导弹
109 反坦克导弹

非常规武器
110 核武器

Contents | 目录

中国青少年百科全书（人类社会）

110 原子弹
110 氢弹
111 中子弹
111 化学武器
111 幻觉武器
111 生物武器

陆军
112 步兵
112 炮兵
112 装甲兵

海军
113 海军陆战队
113 潜艇部队
113 水面舰艇部队

空军
114 空降兵
114 空军航空兵
114 地勤人员

Part 6 第六章
文学艺术

文学是人类社会文明的产物，艺术是人们现实生活与精神世界的反映，它们丰富了人们的精神生活。

语言文字
116 语言
116 世界上的常用语言
116 手语
116 语法
117 文字的起源
117 楔形文字和象形文字
117 中国文字的起源
117 腓尼基字母

神话与传说
118 创世纪的神话
118 希腊神话
118 传说

外国文学
119 寓言与童话
120 史诗
120 诗歌
120 戏剧
121 小说

中国文学
122 史学
122 诗歌
123 戏剧
123 小说

舞蹈
124 原始部落舞蹈
124 民族舞
124 芭蕾舞
124 现代舞
125 民间舞蹈
125 交际舞
125 踢踏舞
125 探戈
125 迪斯科

音乐
126 爵士乐
126 管弦乐
127 军乐
127 乡村音乐和西部音乐
127 电子音乐
127 摇滚乐
127 宗教音乐

戏剧
128 话剧
128 歌剧
128 哑剧
128 舞剧
128 日本歌舞伎
129 木偶剧
129 中国戏曲

绘画
130 早期的绘画
130 油画
130 水彩画
131 水粉画
131 素描
131 壁画
131 版画

中国书法
132 中国书法工具
132 钟鼎文
132 篆书

132 隶书	电影	150 跳远
133 草书	144 电影的诞生	150 掷铁饼
133 楷书	144 电影技术	151 掷链球
133 瘦金体	145 国际电影节	151 推铅球
133 行书	145 好莱坞	151 掷标枪
	145 奥斯卡金像奖	
篆刻		径赛
134 战国印	电视	152 短距离跑
134 秦印	146 电视的发明	152 中距离跑
134 汉印	146 电视机的发展	152 长距离跑
134 明、清印	146 电视节目的制作	152 跨栏跑
		153 接力跑
雕塑		153 障碍跑
135 古代希腊与罗马的雕塑		153 竞走
135 文艺复兴时期的雕塑		153 马拉松
136 17~18世纪的雕塑		
136 19~20世纪的雕塑		水上运动
137 中国雕塑		154 游泳
		155 花样游泳
建筑	Part 7 第七章	155 跳水
138 古代希腊、罗马建筑	体育	155 水球
138 拜占庭建筑	"更快、更高、更强",体育运动不仅强健了我们的体魄,更成为推动社会不断健康发展的强劲动力。	155 帆船
139 哥特式建筑		
139 从巴洛克到洛可可建筑		冰雪运动
139 文艺复兴建筑		156 滑冰
140 中国建筑	奥林匹克运动	156 滑冰鞋
140 伊斯兰建筑	148 奥运会的起源	156 滑雪
141 现代建筑	148 奥林匹克之父顾拜旦	157 冰球
	148 奥林匹克五环旗	
摄影	148 奥委会	球类运动
142 黑白摄影	148 奥林匹克圣火	158 足球
142 彩色摄影	149 冬季奥运会	158 篮球
142 人像摄影	149 中国进军奥运会	158 排球
142 风光摄影	149 北京申奥成功	159 羽毛球
143 动物摄影	149 北京奥运会	159 乒乓球
143 体育摄影		159 网球
143 创意摄影	田赛	159 台球
143 社会生活摄影	150 跳高	159 高尔夫球

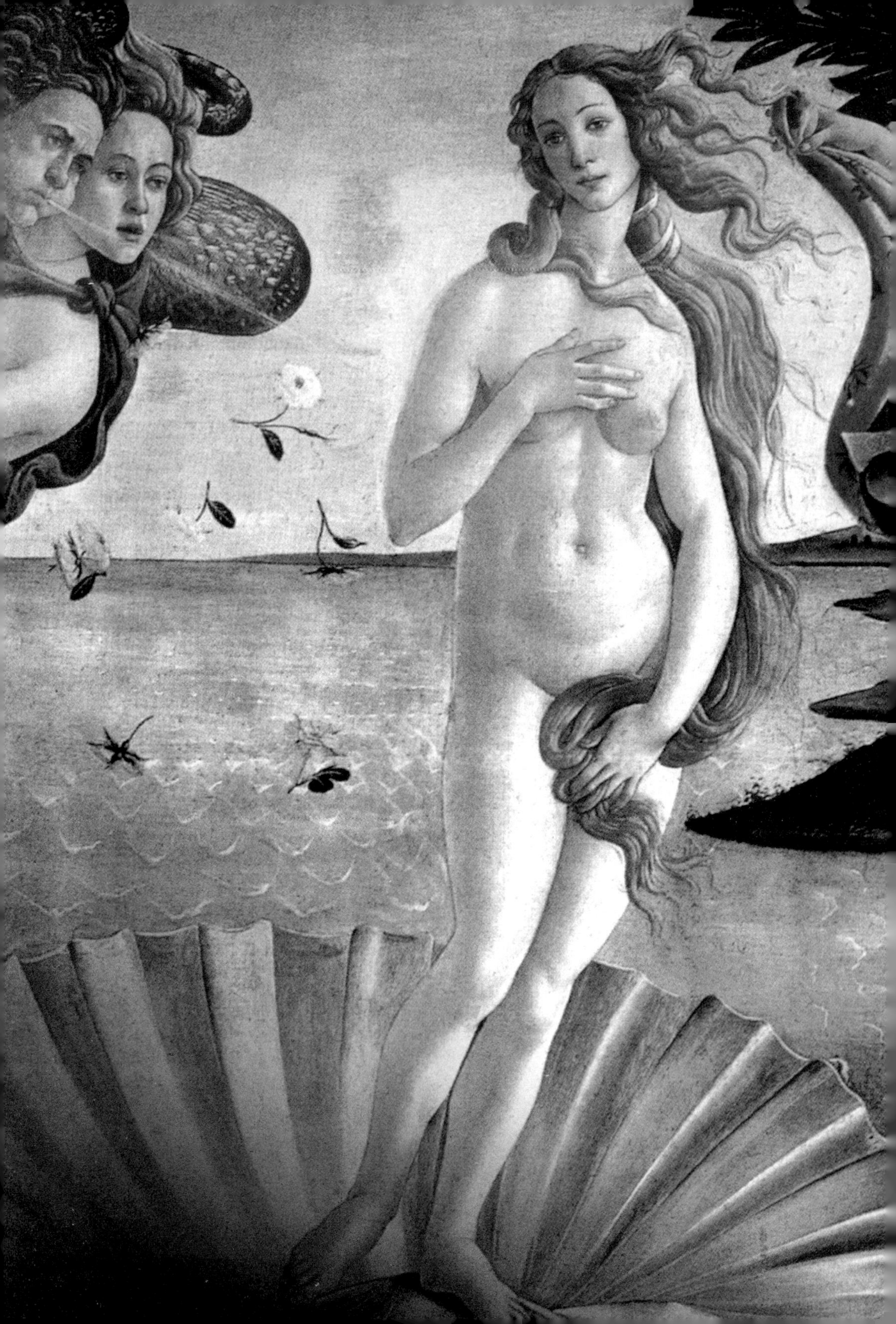

[第一章]

Part 1

世界历史

　　世界历史从大约500万年前地球上出现人类开始。经过漫长的进化过程,南方古猿进化为现代智人,人类社会逐渐由原始社会进入到奴隶社会。公元前3100年左右,埃及出现了奴隶主阶级专政国家。自西罗马帝国灭亡、西欧奴隶制度崩溃开始,世界各地区封建制度先后形成。此后,英国资产阶级革命、俄国彼得一世改革、法国大革命、北美独立战争、第一次世界大战和第二次世界大战……这一切都推动了整个世界历史的发展进程。

人类的进化

在大约500万年以前，原始人类开始出现。南方古猿是由猿分化出来的最原始的人科代表，代表了由猿到人演化过程的过渡阶段。距今约250万年前，由南方古猿演化出最早使用石器和有意识制造石器的原始人类——能人，他们代表了人类演化历史中的早期猿人阶段。到约20万年前，直立人进化到智人，完成了原始人的最后演化阶段。

人是由古猿进化来的。

直立人

距今200多万年前，能人开始进化到直立人阶段，而直立人阶段一直延续至20多万年前。直立人最初称"猿人"，因为当时人们认为他们是最古老、最像猿的人类。当比他们更古老、更原始的南方古猿被发现后，科学上就将南方古猿作为人类历史发展的第一阶段，而以前的"猿人"改称为"直立人"。

直立人善于奔跑、追杀和围捕中小型动物，并且具有初步的语言能力，开始使用火。使用火不仅意味着直立人的生活获得了巨大改变，也是人类从动物界最终分化出来的重要标志。

南方古猿

距今500万～300万年前，南方古猿出现。南方古猿的体质特征和人类接近，拇指能和四指直接对握，可以使用天然工具；骨盆比猿类宽，表明能直立行走；平均脑容量接近500毫升，虽然比人类小得多，但其结构比较复杂，可能已有语言能力。

能人

距今250万年前，早期猿人出现，也称能人，其脑容量为680毫升，手骨及足骨与现代人相似，为完全形成的人阶段。

早期智人

人类进化的最近一个阶段是包括现代人在内的智人阶段，可分为早期智人和晚期智人。早期智人生活在距今约20万年前，是旧石器时代中期的古人类。最早发现的早期智人化石是1856年在德国发现的尼安德特人。早期智人的体质特征和现代人已很接近，脑容量约为1100～1600毫升，平均为1300毫升，脑组织也比较复杂，但还保留了一些原始的痕迹，例如前额低而斜，眉脊比现代人突出，颌部不明显。

尼安德特人复原头像

晚期智人

晚期智人又称新人，最早于1868年在法国的克罗马农洞窟里发现。晚期智人在解剖结构上属于现代人，大约是在距今5万～4万年前开始出现的。晚期智人的体质和现代人类已大体相同，过去遗留的眉脊突出、下颌不明显等原始特征至此已经消失。

用动物骨头制作的骨器

母系氏族社会

母系氏族公社是生产力和生产关系不断进步的产物。旧石器时代中期，渔猎、采集经济的发展引起生产关系变化，男女分工开始明显。血缘家族成员增加，影响生产和生活。因此，属同一母系血缘的集团逐渐分离出来，组成母系氏族公社，妇女受到普遍的尊重，每个氏族都由一位具有亲和力的年长女人担任首领，主持日常事务。这是原始社会氏族公社的早期组织形式。

父系氏族社会

父系氏族公社是以父亲的血缘关系为中心结成的原始社会晚期的基本单位。它是在母系氏族公社生产力发展的基础上产生的。随着农业和畜牧业的发展，繁重的劳动需要由男子来承担。男子劳动地位的改变，使他们逐渐取代了妇女在生产和生活中的支配地位，母系氏族公社逐渐变成父系氏族公社。父系氏族公社大约产生于青铜器时代和铁器时代早期。

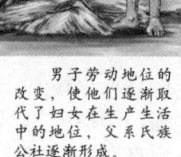

原始社会的人类住房

男子劳动地位的改变，使他们逐渐取代了妇女在生产生活中的地位，父系氏族公社逐渐形成。

公有制度的崩溃

早期的父系社会同母系社会一样，依然维系着以血缘关系为基础的氏族群体。氏族的管理最初还维持着民主制度，重大事情由氏族会议决定。随着一夫一妻婚姻关系的确立，稳定的个体家庭出现了。氏族的全部财产由男性后代继承。为了生育嫡亲子女继承财产，出现了私人占据氏族财产的现象。私有制无情地占据了主导地位，公有制度崩溃了。氏族首领主宰了权力和财富，成为高高在上的贵族，普通氏族成员的地位降到社会底层，尊卑等级越来越明显，最终冲毁了平等的氏族家园。

国家产生

国家的产生有一个很重要的前提，那就是私有制和阶级的出现。到原始社会晚期，随着生产力的发展和社会分工的出现，集体劳动逐渐被个体劳动所取代。原始公有制逐渐被私有制所取代，终于产生了以阶级统治为基础的奴隶制国家。国家的出现致使人类历史从原始社会开始向文明社会过渡。

私有制的出现促进了国家的诞生。

巴比伦王国

公元前3500年到公元前3200年，两河流域也就是底格里斯河和幼发拉底河之间的地区出现了地球上第一个文明开化之地，其最初是苏美尔文明。到公元前1894年左右，入侵苏美尔的阿摩利人以幼发拉底河畔的巴比伦城为首都，建立了一个王国，史称古巴比伦王国。第六代国王汉谟拉比在位时期，巴比伦文明达到了极盛。在经历赫梯人的"黑暗时代"和亚述帝国的统治后，两河流域地区又进入新巴比伦时期。公元前331年，亚历山大攻占巴比伦，巴比伦王国至此灭亡了。

苏美尔人的黄金头盔

苏美尔城邦

公元前3500年左右，苏美尔人已定居于两河流域南部。公元前3100年左右，出现了苏美尔人建立的城邦，著名的有乌尔、乌鲁克、基什、拉格什等。这些城邦的规模不大，每个城邦都是一个主权独立的城市小国。城邦首领称为"恩西"或"卢伽尔"，即"奠基的僧侣"或"大人"的意思。各小国为争夺土地、水源和奴隶，经常发生冲突和战争。公元前2320年左右，基什的萨尔贡统一了苏美尔地区，建立了阿卡德王国，它存在100多年后灭亡，再次统一苏美尔城邦的是乌尔人。公元前2006年，乌尔第三王朝被埃兰人和阿摩利人所灭。

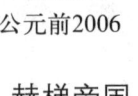

苏美尔城邦拉格什国王的塑像

古巴比伦王国

公元前1894年左右，入侵苏美尔的阿摩利人以幼发拉底河畔的巴比伦城为首都，建立了一个王国，史称古巴比伦王国。第六代国王汉穆拉比在位时期，统一了两河流域，建立起从波斯湾至地中海沿岸的中央集权奴隶制帝国，自称"世界四方之王"。其继承者萨姆苏伊卢纳在位时，遭受外部侵袭，内部也发生反叛役斗争，导致了巴比伦第一王朝的衰微。公元前1595年，赫梯统治者穆尔西里斯一世最终将其灭亡。

古巴比伦塑像"乞求者"

赫梯帝国的金制小像

赫梯帝国

小亚细亚东部的赫梯人是世界上最早大量铸造并使用铁器的民族。他们手持锋利戈矛，曾称霸一时。赫梯帝国最初的领土仅限于小亚细亚东部的哈里斯河中上游一带。约在公元前2000年初亚述人开始殖民的前后，赫梯人进入小亚细亚地区。这时赫梯人已开始向奴隶制社会过渡，逐渐形成一些小的城邦，以哈图斯为中心的城邦联盟，不断向外扩张。

美索不达米亚的"黑暗时代"

公元前1595年，小亚细亚东部的赫梯人洗劫了当时世界上最繁华的巴比伦城。在灭亡巴比伦城后，赫梯人并未统治这一地区。喀西特人利用这一机会入主两河流域的大部分地区，统治时期长达三个世纪之久。由于喀西特人统治时期实行贵族统治，王权削弱，既没有政治上的统一，在文化、思想、宗教方面也没有任何创新和进步，历史上常将这一时期称为"黑暗时代"或衰落时期。

亚述国的战马模型

亚述王提格拉特·帕拉沙尔三世

亚述人的统治

亚述帝国是以底格里斯河中游的亚述城为中心发展起来的。公元前13世纪以前，亚述人曾被阿卡德人、阿摩利人、赫梯人、喀西特人和胡里安人所统治。后来，崛起的亚述人征服了两河流域的许多城邦。亚述王提格拉特·帕拉沙尔三世统治时期，帝国空前强盛。公元前612年，伽勒底人与米底人联合起来攻陷亚述都城尼尼微，亚述帝国土崩瓦解。

小资料

空中花园

尼布甲尼撒二世为巩固与米底人的联盟，娶了米底公主为妻。为让公主高兴，他下令建造一座近30米高的花园，在其上种植奇花异木，广建亭台楼阁，远远望去，似一座花园悬浮在空中，所以又叫"空中花园"。它是古代世界七大奇迹之一。

新巴比伦王国

公元前626年，伽勒底人摆脱亚述人的统治建立了一个新王国，定都巴比伦城，史称"新巴比伦王国"。尼布甲尼撒二世（公元前605~前562年在位）是新巴比伦王国著名的统治者。尼布甲尼撒当政期间，对犹太王国的征服成为他武功胜利中的最显赫的事件。

"空中花园"复原图

新巴比伦王国灭亡

公元前6世纪，新巴比伦的军事贵族集团和祭司奴隶主集团的矛盾十分尖锐，内部统治出现危机。公元前550年，居鲁士率领波斯人推翻了米底王国的统治，随后又征服吕底亚和小亚细亚，从东、北、西三面对巴比伦形成包围之势。公元前539年，波斯军队围攻新巴比伦城。城内的祭司奴隶主集团见大势已去，遂打开城门，把波斯军队引进巴比伦城。新巴比伦王国覆亡。

古埃及

古埃及是东北非尼罗河下游的奴隶制国家。约公元前3100年,美尼斯建成统一的古埃及,以孟斐斯城为首都。古埃及的文明持续了3000年,它的文字、历法、科学和艺术对世界都曾有很大影响。

埃及法老的塑像

古埃及的统一

公元前4000年左右,尼罗河两岸出现了几十个小国家。它们经过相互兼并,形成了上埃及和下埃及两个王国。公元前3100年左右,上埃及国王美尼斯(一说纳尔迈)征服下埃及,实现了埃及的统一,建立了第一王朝。埃及早王朝统治时期开始,持续了约400年时间。

这块石板上记述了统一埃及的第一个法老的战功。

左塞和古王国的创建

公元前2686年左右,埃及早王朝被强大的左塞王的统治所取代,左塞是第三王朝的第一位国王及古王国的创建者。左塞的统治标志着一个国家权力空前加强和王室专制时代的开端。这方面最好的证据就是左塞主持修建了第一座金字塔。在左塞及其主要继承人的统治下,古王国法老的权力没有限制。法老被视为太阳神的后代。古埃及的宗教生活和政治生活没有根本区别。法老的主要臣属是祭司,而他本人是祭司之长。经过几百年的和平和相对繁荣后,随着诸多危机的出现,古王国于公元前2181年灭亡。

古埃及法老的黄金面具

古埃及人的木雕像

中王国时期

公元前2040年左右,第十一王朝以底比斯为根据地,恢复了中央集权统治,从此开始了中王国时期。公元前1990年左右出现的第十二王朝通过与中间阶层的结盟建立起强有力的统治,遏制了贵族势力,为史无前例的繁荣奠定了基础。在第十二王朝统治期间,社会发展迅速,文化成就果实累累,许多造福于全埃及人的公共工程如大型排水灌溉设施被修建。第十二王朝统治时期通常被视为埃及的黄金时代。此后,埃及进入内部秩序混乱、外部敌人入侵的第二中间期,直到公元前1567年新王国建立。

新王国时期

公元前1560年左右,最后一批异族征服者被逐出埃及。取得这场胜利的英雄雅赫摩斯建立了第十八王朝。埃及由此进入新王国时期。它始自公元前1567年,终于公元前1085年,历经三个王朝即第十八、十九和二十王朝的统治。这一时期,为了驱逐入侵者和扩张埃及领土,一个庞大的战争机器建立起来了。

拉美西斯二世的征战

第十九王朝的法老拉美西斯二世（约公元前1304～前1237年）即位不久，小亚细亚赫梯人的势力严重威胁埃及利益。拉美西斯二世调集军队与赫梯国王牟瓦塔尔开战，双方各有胜负。若干年后，为争夺对叙利亚地区的统治权，拉美西斯二世又出兵征讨赫梯，终于取得了胜利。

阿布辛拜勒神庙是拉美西斯二世在埃及建造的影响力最大的建筑物。

法老

埃及古王国时代尊奉太阳神为国神。法老被奉为"太阳神之子"，是太阳神的凡身，死后成为天上诸神中的一个新神。同时法老是古埃及的最高统治者，具有至高无上的权威。任何大臣在朝见时必须匍匐在地，吻法老脚前的尘土。法老之下为宰相，其全衔是"最高法官、宰相、档案大臣、工部大臣"。这个官衔列举宰相的各种职权，全国司法、行政以及经济等要政都由宰相总揽。第四王朝循例以太子为宰相。太子不但辅佐法老，并借此获得统治的经验，巩固王权的世袭。各州的州长都由法老直接任命调遣。州长掌管全州的赋税、水利和司法，同时又是法老在各地方的代理者，必须贯彻法老的政令；遇有战争，则须从地方征发军队应役。

法老的金饰

古埃及法老

古埃及历法的制定与尼罗河泛滥情况密切相关。

金字塔

法老的遗体被制成木乃伊后，就永远安息在金字塔中。每座大金字塔都有一个墓室藏在深处，墓室周围放满供法老在冥间享用的物品。最初的金字塔建造成一层层的阶梯模样，这是让法老上天的巨型天梯。后期的金字塔有平滑的斜面，是法老登天所需的路径。

古埃及的天文和历法

在公元前2000年左右，埃及人就注意到，天空中最亮的那颗星即天狼星在每年一度与太阳成一直线时就会在早晨升起。他们根据这一观测结果制定了一个历法，把"元旦"定在天狼星与太阳成一直线之日，以此预报尼罗河开始泛滥的日期。

门卡乌拉王的金字塔

门卡乌拉王后的金字塔

胡夫王的金字塔又叫"大金字塔"。

哈夫拉王的金字塔

吉萨三大金字塔

古印度

古印度文明最早在印度河流域即现在的巴基斯坦兴起。古代印度是人类文明的发祥地之一，它和古代中国、古代埃及、古代巴比伦并列为世界四大文明古国。古印度人在文学艺术和自然科学方面取得的辉煌成就，成为人类社会宝贵的文化遗产，在人类文明史上占有重要的地位。

哈拉帕小印章

哈拉帕文明

古印度文明的起源可上溯到公元前3000年左右。从20世纪20年代开始，考古学家在印度河流域陆续发掘出上百处青铜文化遗址，其中哈拉帕和摩亨佐达罗两城遗址最大，所以这一文化也被称为哈拉帕文化。这一文明是由印度最早的居民达罗毗荼人创造的，大约在公元前21世纪中期衰亡。

吠陀时代

大约从公元前21世纪中叶起，雅利安人入侵印度，并由印度河流域向东南发展。因为这一时代留下了反映印度社会与文化发展状况的四部吠陀，在印度历史上被称为"吠陀时代"或"史诗时代"。四部吠陀反映了公元前1500～前600年或更晚时期的印度历史。在吠陀时代，印度雅利安人的氏族社会已经出现裂痕，并逐步向国家过渡。

难陀王朝

约公元前364年，出身寒微的摩诃波德摩·难陀建立了难陀王朝。据佛教文献记载，难陀王朝共历九王，皆为兄弟，称为"九难陀"，统治40年左右。难陀王朝进行了大规模的扩张，其领土占据了南亚次大陆北部的主要地区。在此期间，难陀王朝还阻挡了马其顿亚历山大向恒河流域的推进。

吠陀时代的国王

孔雀帝国

公元前324年，旃陀罗笈多在西北印度自立为王。然后，他迅速东下，推翻了难陀王朝的统治。据说，旃陀罗笈多出生在一个养孔雀的家庭，故他所建立的王朝称为"孔雀王朝"，其帝国亦名"孔雀帝国"。约公元前273年，阿育王继位，国势日强。阿育王大举征服南印度的羯陵伽，将版图扩展至除南端外的整个南亚次大陆，并占领了阿富汗的一部分，成为古代印度历史上第一个幅员辽阔的奴隶制大帝国。孔雀帝国建都华氏城，以佛教为国教。阿育王死后，帝国逐渐分裂。

栏盾装饰——孔雀

阿育王

阿育王是孔雀帝国的创始人旃陀罗笈多之孙。他早年致力于扩张领土。在征服南印度强国羯陵伽之后，他悔悟战争灾难，皈依佛教，并在佛教和平教义的基础上建立了新法。阿育王在位期间，为了巩固专制帝国的统治，采取了一系列发展社会经济的措施：扩大灌溉工程，修筑道路，建立医院，从而使孔雀帝国进入鼎盛时期。

阿育王

孔雀王朝时期的石狮柱

笈多王朝的沙岩雕像

笈多王朝

公元4世纪初，北印度小国林立。与孔雀帝国开创者同名的一个小国国王旃陀罗笈多占据华氏城，建立了笈多王朝，自称月护王。他在位15年，使邻近各小君主服从他的统治。他的儿子沙摩陀罗笈多更进一步向北扩张，开拓了贸易领地。从376～415年，在沙摩陀罗笈多的统治下，印度成为当时亚洲最大的国家。后继的笈多国王继续维护这个帝国。公元500年以后，印度内部矛盾尖锐，王朝统治趋于瓦解。

笈多王朝时期皇帝使用的银盘

富庶的国度

笈多王国在某些方面与600年前的孔雀王朝相类似。政府控制了金银加工、盐和矿物的开采、铸币和武器制造业务，雇用了一支庞大的官僚队伍和一支间谍队伍。税收既包括交纳一定份额的谷物，还包括被迫在公共工程上劳动及用水灌溉田地的费用，负担不是十分苛重，不致于妨碍大批农业人口的兴盛。虽然未能实现政治统一，各邦之间的纷争几乎从不间断，但在北印度和德干地区，城市的发展和上层人士的奢华都是非常明显的。除提供诸如香料、珠宝、象牙、龟壳和精制织物等奢侈品用于出口外，印度成了西方和中国之间交往的中心。

笈多王朝时期的金币

种姓制度

公元前11世纪，古印度社会内部产生了种姓制度。该制度属于对社会群体的宗教划分，将古代印度人分为四个种姓，各对应四个等级：婆罗门居种姓之首，是掌握神权的祭司贵族集团；刹帝利为第二种姓，是军事贵族集团，包括国王及其下属的各级官吏；第三个种姓吠舍代表平民；第四个种姓首陀罗多为奴隶。种姓制度给每一个印度人打上了宗教和等级的烙印。

古希腊

从公元前3200年左右到公元前31年,古代希腊人以巴尔干半岛、爱琴海诸岛和小亚细亚沿岸为中心,在包括北非、西亚和意大利半岛南部及西西里岛的整个地中海东部地区建立起一系列奴隶制国家,发展出了辉煌的古代文明。

古希腊雕像

克里特文明

克里特文明是希腊最早的文明,存在于公元前30世纪~前15世纪。约公元前3200年,克里特出现了最初的国家。克里特的农业、手工业和海外贸易都很发达,并以宏伟华丽的王宫建筑、精美的工艺品和强大的海上霸权而著称。另外,此时还出现了书写古代克里特语的文字——"线形文字甲种"。公元前1450年前后,克里特米诺斯王朝被迈锡尼人消灭。

米诺斯皇宫遗址

迈锡尼文明

迈锡尼文明是指南希腊的迈锡尼、派罗斯等早期城邦文明。它是阿卡亚人创造的,存在时期约为公元前1500~前1200年。在迈锡尼文明遗址发掘出的青铜武器和工艺品极其精美。迈锡尼一度很强大,曾攻打过埃及、赫梯和特洛伊。公元前1200年,迈锡尼人被多利亚人所灭。希腊历史进入了"黑暗时代"。

希腊武士像

希波战争

公元前500年,波斯统治区发生起义,雅典派兵给予援助。波斯以此为借口渡海入侵希腊。公元前492年,第一批波斯海陆军南下。历史上一般以此役作为希波战争的开始。主要的战斗发生于公元前490年和公元前480~前479年的两次波斯大军入侵期间,直到公元前449年希波双方缔结和约才告结束。这场战争促成了共同对付波斯的雅典海上同盟的成立,并且为以后伯罗奔尼撒战争的爆发埋下了伏笔。

伯罗奔尼撒战争

希波战争结束后,日益强盛的雅典成为希腊的最大势力。这引起斯巴达和它领导的伯罗奔尼撒同盟的敌视。从公元前457年起,由雅典领导的雅典海上同盟同以斯巴达为首的伯罗奔尼撒同盟兵戎相见,进行了多年的战争。公元前431年6月,斯巴达军队侵入雅典,战争遂全面爆发。整个伯罗奔尼撒战争使希腊民穷财尽,政治走向无序,文化走向破坏。希腊文明走向衰落。

雅典人同斯巴达军队激战。

古罗马

从公元前5世纪初起，罗马开始逐渐征服意大利的其他城邦国家，到公元前1世纪时，终于成为一个横跨欧、亚、非三大洲的庞大帝国。公元前27年以前，罗马帝国一直是奴隶制共和国，在元老院授予屋大维"奥古斯都"的尊称后，共和制才逐渐为君主制所取代。

传说，是母狼哺育了罗慕洛斯和雷莫。

罗马的起源

公元前七八世纪，罗马国王努米托雷被弟弟阿姆利奥篡位驱逐，其子被杀死，女儿西尔维亚与战神马尔斯生下孪生兄弟罗慕洛斯和雷莫。阿姆利奥把这两个孪生婴儿抛入台伯河。但两兄弟被浪花冲到岸边，一只母狼用乳汁哺育了他们，后来又被一对牧人夫妻收养，得以长大成人。兄弟俩报仇杀死了阿姆利奥，夺回王位，并在他们被弃和得救的地方着手建立新城。罗慕洛斯以自己的名字命名新城为罗马。

罗马与迦太基海战图

罗马称霸地中海

公元前5世纪末到公元前4世纪中期，罗马人战胜了伊达拉亚人，占领了台伯河北部的大片土地。通过与萨莫奈人的战争，罗马又占领了意大利中部地区，基本统一了意大利半岛。此后罗马通过三次战争，打败迦太基，取得了地中海西部霸权。

恺撒大帝

恺撒是在罗马社会的动乱年代出现在政治舞台上的一个人物。公元前58年，他通过对高卢的战争，大大提高了实力和声望。此后，恺撒取代了"三头同盟"，独掌大权。他还进行了顺应罗马历史发展的改革，但是受打击的元老贵族已经不能再容忍。公元前44年，恺撒在元老院被以布鲁图为首的反对派刺死。恺撒一生奋斗的事业，对欧洲乃至整个世界的历史都有着重大而深远的影响。

恺撒

古罗马帝国的分裂

3世纪危机之后，罗马帝国奴隶制经济继续衰落：农村劳动者逃亡；农田大量荒芜；城市工商业凋零；罗马奴隶制生产关系已经腐朽没落。君士坦丁死后，帝国统治集团内部为争夺皇位，于公元339年又爆发了长期的混战。皇帝狄奥多西死后，把帝国分给两个儿子。于是，罗马于395年正式分裂为东、西两个帝国。统一的罗马帝国不复存在了。

反抗戴克里先侵略的波斯人

玛雅

玛雅文明是拉美大陆上神秘而辉煌的古代文明，主要分布在墨西哥、洪都拉斯、危地马拉境内。玛雅人在既没有金属工具，也没有运输工具，而仅仅采用新石器时代的生产工具的情况下，创造出了灿烂的文明。作为世界上唯一一个诞生于热带丛林而不是大河流域的古代文明，玛雅文明的衰亡和消失与其奇迹般地崛起和发展一样，都充满了神秘色彩。公元9世纪，玛雅文明开始衰落，文字的失传使之成为一段湮没的历史。

绿玉面具

玛雅帝国

早在公元前2000年，玛雅人就已经出现了。在此后数百年中，玛雅人排疏沼泽地，建造灌溉系统，因此他们的农业很发达，生产的粮食能养活大量人口。在公元前300年到公元300年期间，玛雅人在危地马拉、伯利兹和尤卡坦半岛上建起了许多城市，每个城市都有着自己的特点和艺术风格。城里有金字塔神庙、宫殿、市场、作坊和居民区。

调制金器

玛雅金字塔

金字塔是玛雅古典时期的重要建筑。埃及的金字塔是法老的坟墓，而玛雅的金字塔则是祭塔。它用磨平的巨大石头筑成，雄伟壮观。塔的四周有阶梯，这些阶梯上装饰有浮雕，塔顶是祭神的庙坛。现在，金字塔神庙祭坛已成为墨西哥的国宝。

玛雅统治者雕像　神犬像杯

玛雅的艺术

玛雅的艺术集中体现在壁画和雕塑上。玛雅的艺术珍品数不胜数，其创作初衷主要是为了在祭祀仪式上敬献给诸神和受人崇拜的国王。这些传世之作造型各异，形神兼备，生动异常。其原材料也丰富多样，有的是陶制的，有的则采用石头、贝壳雕琢而成。

玛雅人的天文历法

玛雅人在纪元前就能熟练运用天文历法，其精密程度远远超过同时代的古希腊或古罗马。他们使用的太阳历将一年划分为18个月，每月20天，另加5天是禁忌日；全年共365天，每4年加闰一天。玛雅人还计算出金星历年为584天，而今天我们测算的金星历年为584.92天，其精确程度令人惊奇。

金字塔和塔顶的羽蛇神庙

拜占庭帝国

拜占庭帝国是西罗马帝国崩溃后依然存在的罗马帝国的东半部，即东罗马帝国。拜占庭帝国鼎盛时期的疆域从西部的西班牙一直延伸到东部的亚美尼亚境内，北起黑海与多瑙河，南至非洲海岸。帝国的心脏是小亚细亚地区。

拜占庭帝国的建立

拜占庭原是一座靠海的古希腊移民城市。公元330年，罗马皇帝君士坦丁将之改建重修后，作为罗马帝国的新都，并改名为君士坦丁堡。395年，庞大的罗马帝国饱受各路蛮族的侵扰，帝国一分为二。东部帝国以君士坦丁堡为首府，因此又称为拜占庭帝国。476年，西罗马帝国灭亡，拜占庭遂成为唯一的罗马帝国。

拜占庭时期孩子们受教育的场景

君士坦丁大帝

拜占庭千年辉煌，历经88位皇帝，其中君士坦丁大帝政绩卓越。君士坦丁大帝在其313年颁布的"米兰敕令"中给予"基督徒及所有人宗教信仰的自由"。这一做法开创了整个欧洲精神改宗的先河。

君士坦丁大帝的伟大在于他为世人带来一个繁荣的君士坦丁堡。

做工精致的拜占庭饰品

拜占庭帝国瓦解

在公元7世纪和8世纪，阿拉伯人开始不断蚕食拜占庭帝国的领土。小亚细亚的沦陷使拜占庭帝国失去了最重要的食物和马匹的供给来源。同时，拜占庭帝国还要应付意大利盟友的突然反叛。14世纪，土耳其人占领了埃迪尔内。1453年，土耳其军队攻陷了君士坦丁堡。拜占庭这个盛极一时的地中海大帝国终于土崩瓦解。

拜占庭时期的浅浮雕

欧洲文艺复兴运动

在13世纪，十字军东征把古代希腊、罗马以及拜占庭的文化典籍带回欧洲。1453年，拜占庭帝国灭亡后，许多学者带着古代典籍和文物逃到意大利。所有这些典籍和文物在西方人面前展示了一个新世界。当时资产阶级的思想家们高举"回到希腊罗马去"的旗帜，力图复兴古典文化。这就是著名的文艺复兴运动。但实际上，文艺复兴并不是要重建古代文化，而是要建立适应资本主义生产关系的新的意识形态。

但丁

文艺复兴运动开始

意大利是中世纪和文艺复兴时期世界上最大的贸易地区的心脏位置。佛罗伦萨、米兰和威尼斯都是著名的水陆交通枢纽和贸易的集散地，在那里最早出现工商业资本主义萌芽。中世纪末，拜占庭学者逃到意大利后提倡研究古希腊、罗马文化。佛罗伦萨成为新文化运动的中心，出现了文艺复兴的先驱者——但丁、彼特拉克和薄伽丘，从而拉开了文艺复兴的序幕。

"鲜花之城"佛罗伦萨

但丁

伟大的诗人但丁出生于佛罗伦萨一个没落的贵族家庭。但丁的第一部作品是抒情诗集《新生》，这是为他所倾慕的女子贝雅特丽齐而写的。后来，他因反对教皇干涉佛罗伦萨内政而遭放逐，于1321年9月客死于拉文那。但丁一生著作颇丰，代表作为流放期间所著的《神曲》。他被恩格斯称为"中世纪的最后一位诗人，同时也是新时代的最初一位诗人"。

薄伽丘

薄伽丘生于富商家庭，曾在佛罗伦萨大学担任过《神曲》讲座教师，是著名的散文作家、诗人和人文主义者。其代表作是在口传民间故事基础上所写成的短篇小说集《十日谈》。它开创了欧洲资产阶级短篇小说的先河，在欧洲文学史上占有重要地位。

《十日谈》插图

彼特拉克

彼特拉克

彼特拉克是意大利杰出的人文主义诗人。他生于佛罗伦萨一个贵族之家，曾到欧洲许多地方搜集古希腊罗马的古典作品。他最早提出"人学"来与中世纪神学对抗，被称为"人文主义之父"和"桂冠诗人"。他的代表作是《歌集》，包括300多首抒情诗。他那轻快优美的十四行诗对欧洲诗歌影响重大。

文艺复兴盛期

15世纪末到16世纪中叶是意大利文艺复兴的全盛时期。从15世纪中叶开始，佛罗伦萨开始失去它作为意大利经济、政治和文化中心的地位，取而代之的是意大利另一重要城市——罗马。盛期文艺复兴美术的三位主要代表是达·芬奇、米开朗琪罗和拉斐尔，合称"文艺复兴艺术三杰"。

拉斐尔

拉斐尔出生在一个画家家庭，有"画圣"之称。他特别擅长画圣母像，其笔下的圣母恬静、秀美，具有真正的女性美，与达·芬奇笔下神秘莫测的、与现实人物有些距离的圣母迥然不同。著名作品有《圣母子》《雅典学院》等。

《圣母子》
这是拉斐尔表现圣家族生活的一幅代表作。在当时的佛罗伦萨，达·芬奇与米开朗琪罗的威望均已很高，但这也未能约束拉斐尔的独创精神。

《蒙娜丽莎》

达·芬奇

列奥纳多·达·芬奇出生于律师家庭，他不仅是艺术大师，还是科学家、发明家、哲学家。其艺术上的代表作是《最后的晚餐》和《蒙娜丽莎》，后者是世界美术史上最有代表性的肖像画之一。他一生完成的作品不多，但几乎件件都是不朽之作。其作品自始至终具有鲜明的个人风格并特别善于将艺术创作和科学探讨相结合，在世界美术史上堪称独步。

米开朗琪罗

米开朗琪罗出生于小贵族家庭，是文艺复兴时期的艺术巨匠。其雕塑代表作《大卫》《摩西》均取材于圣经故事，其绘画杰作为《创世纪》和《最后的审判》两幅壁画。他还曾担任罗马圣彼得大教堂的总工程师，负责这座古今闻名的圆顶大教堂的工程建造和壁画绘制。此外，他还写过许多诗歌，是位颇有才气的诗人。

文艺复兴晚期

16世纪中叶，文艺复兴的浪潮席卷整个欧洲。新思想以较快的速度和较大的冲击力传播开来。欧洲出现了一系列著名的宗教改革家(如德国的马丁·路德)、文学家(如英国的莎士比亚)、自然科学家(如意大利的伽利略)、哲学家(如英国的培根)，在这些著名的文学家、艺术家和科学家的推动下，文艺复兴为世界文化增添了光彩，极大地推动了社会历史的进程。

培根

培根是英国唯物主义哲学家，出生于新贵族家庭。他批判当时居统治地位的神学和经院哲学，要求人们去研究自然、改造自然。他相信人的力量来自知识，知识可以变成力量。他第一次系统地提出了归纳法，对科学发展起了巨大的推动作用，被马克思称为"英国唯物主义和现代实验科学的真正始祖"。

培根

英国资产阶级革命

英国议会与斯图亚特王朝之间的矛盾在17世纪初变得异常尖锐。斯图亚特王朝代表腐朽没落的封建制度，议会代表了资产阶级和新贵族的利益。资产阶级力图通过议会来摆脱封建制度的束缚，为资本主义的进一步发展创造条件。于是，议会和国王之间爆发了激烈的战争。英国由此进入资产阶级革命时代。这场革命最终使英国确立了君主立宪政体，同时开辟了资产阶级世界革命的时代。

詹姆士一世

17世纪英国军队的头盔

斯图亚特王朝建立

1603年3月，英格兰都铎王朝的末代女王伊丽莎白一世死后无嗣，由其堂弟、苏格兰国王詹姆士继承王位，称詹姆士一世。英格兰和苏格兰两国王位合二为一，英国开始了斯图亚特王朝的统治。詹姆士一世鼓吹"君权神授"，独断专行。他要求下院同意征收新的税项，遭到议会反对。他恼羞成怒，下令解散议会，实行独裁统治。

第一次内战

1641年，英国议会向查理一世递交了反对封建专制主义的"大抗议书"，但查理一世拒绝接受。1642年1月，查理一世率军在伦敦市大肆搜捕议会领袖。伦敦市民和附近农民共计10万人手持武器，涌上街头声援议会，使查理一世的企图未能得逞。查理一世认为伦敦议会的势力太大，便逃出伦敦，到封建势力较强的西部和北部集结军队。1642年8月，国王在诺丁汉升起军旗，宣布"讨伐议会"，挑起了内战。

第二次内战

查理一世逃到怀特岛后，加紧煽动各地保王党叛乱，准备发起新的战争。1648年2月，保王党人在英国西南部发动叛乱，挑起了第二次内战。内战在英国西部、东南部和北部三个地区展开。1648年5月3日，克伦威尔率领一支近7000人的精锐部队迎战王党军。8月16日，议会军、王党军和苏格兰军在普雷斯顿进行决战。在这次战役中，议会军歼灭苏格兰和王党军主力，俘虏1万人。9月30日，议会军占领了苏格兰的首都爱丁堡。英国第二次内战结束。

纳斯比战役

在第一次内战中，乡绅出身的奥利佛·克伦威尔组织了"新模范军"。1645年6月，新模范军包围了查理一世所在的牛津郡。14日清晨，双方在诺森普顿郡的纳比斯草原相遇。王党军以闪电战突袭新模范军，新模范军落荒而逃。这时，克伦威尔从侧翼发动进攻，击破了王党军的右卫，并进而击溃王党军主力。纳比斯战役使代表议会的新模范军取得了第一次内战的决定性胜利。

第二次内战的战争场面

查理一世上断头台

英国第二次内战结束后,各地人民纷纷要求处死查理一世。在这种形势下,"长期议会"于1649年1月1日宣布:国王是发动内战的罪魁祸首;成立最高司法裁判所,审判查理一世。最高司法裁判所于1月26日作出判决:查理一世作为暴君、叛徒、杀人犯和国家的敌人,应该被斩首。1649年1月30日,查理一世被送上断头台处死。

查理一世被处死

英国成为共和国

1649年2月7日,下院通过决议,取消英国的君主制。从此,英国成为"没有国王和上院"的一院制共和国。下院还通过决议,成立国务会议,并使其从属于下院。布拉德肖被任命为国务会议主席。1649年5月19日,议会正式宣布:"英国为共和和自由的国家,由民族的最高主权管辖之。"

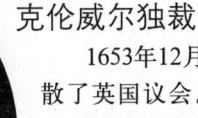

威廉在英国西海岸登陆,受到资产阶级和新贵族的欢迎。

克伦威尔独裁

1653年12月12日,克伦威尔解散了英国议会。由高级军官、法官、官吏、伦敦市长、市议会议员组成的代表团,请克伦威尔接受英格兰、苏格兰、爱尔兰护国主的称号。12月16日,克伦威尔宣誓效忠于新宪法,以护国主的身份成为英国的军事独裁者,并在当天公布了由军队会议起草的新宪法草案——《统治文件》。

克伦威尔

"光荣革命"

1658年9月,克伦威尔去世。一年多以后,斯图亚特王朝在英国复辟成功。1685年,英王詹姆士二世继位后,企图恢复天主教在英国的势力。1687年4月,詹姆士二世颁布《信教自由宣言》,想借信仰自由恢复天主教徒的政治权利。1688年6月30日,议会决定废黜詹姆士二世,迎立其新教徒的女儿玛丽和其丈夫荷兰执政者威廉为英国执政者。威廉于1688年11月登上英国国王的宝座。随后,议会通过《权利法案》,从而在英国确立了资产阶级君主立宪制度。这一次政变因没有流血而获得成功,史称"光荣革命"。

英国颁布《权利法案》

1689年2月,英国议会通过了《权利宣言》,随后又颁布了《权利法案》。它的主要内容是:国王不得侵犯议会的征税权;国王无权废止法律;不经议会同意,国王不得组织常备军;人民有请愿权;国王不得干涉议会的言论自由;必须定期召开议会会议。另外《权利法案》规定英国国王必须是新教徒。此法案限制了国王的权力,保障了议会的权力,是确立英国资产阶级君主立宪制的重要法律文件。

斯图亚特王朝复辟后,大肆铲除异己。

启蒙运动

启蒙运动的中心在法国，孟德斯鸠、伏尔泰、狄德罗、卢梭等人是启蒙运动的伟大旗手。启蒙思想家对封建主义的支柱——王权、神权和特权进行了猛烈抨击。他们提倡"理性"，将其作为思想和行动的基础，并主张"天赋人权"。启蒙运动影响深远，是资产阶级反对封建制度和教会权威的思想武器，为法国大革命作了思想上的准备。

18世纪启蒙运动的倡导者们会聚一堂。

孟德斯鸠

孟德斯鸠是启蒙运动的先驱。他出身于波尔多附近的一个贵族家庭，曾任波尔多法院院长，后弃官去欧洲各国旅行。他的哲理小说《波斯人信札》，揭露了封建制度的专横和腐朽。在其主要著作《论法的精神》一书中，他提出了将国家权力分为立法权、行政权和司法权，三者彼此独立、相互制约，以防止专制暴政的三权分立学说。

伏尔泰

伏尔泰是法国启蒙运动的领袖、著名的文学家、哲学家、历史学家和社会活动家。在18世纪法国启蒙运动中，伏尔泰献身其中60余年，做出了不可磨灭的贡献，堪称启蒙泰斗。伏尔泰一生勤于写作，作品甚丰，通过撰写抨击文章、科学论文及艺术作品，无情地揭露了法国社会的黑暗和腐朽。他在启蒙时代扮演了领导者的角色，因过激批判而被政府两次投入巴士底狱中。

伏尔泰

卢梭

卢梭出生于瑞士日内瓦一个钟表匠家庭，自幼家境贫寒。贫困的生活以及同下层人民的不断接触，使他深刻了解了人民的疾苦。卢梭的思想影响了整整一个时代的法国社会。法国大革命中的雅各宾派就是在他的思想指导下进行活动的。卢梭的著作主要有《论人类不平等的起源》《爱弥儿》《社会契约论》等。这些著作表达了他那博大精深的新思想。

卢梭

狄德罗

狄德罗是启蒙时代各位哲学家中最具代表性的一位。年轻时，作为一位煽动叛乱者，他曾因抨击宗教而被单独监禁，此后一直生活在被审查和监禁的威胁之中。但他一生从未放过一切机会去批判他认为落后、专制的东西。狄德罗和伏尔泰一样，以小说、戏剧等体裁撰写过多种题材的著作，如《哲学思想录》《论盲人书简》《对自然的解释》等。但他最大的成就是编著了《百科全书》。

狄德罗

彼得一世时代的俄国

当西欧资本主义在17世纪正迅速发展的时候，俄国却盛行封建农奴制，社会经济和文化远远落后于英、法、荷等国家。当时的俄国沙皇彼得一世决心学习西方的先进科学技术和思想文化，改变俄国的落后面貌。彼得一世不仅对俄国内政进行了大刀阔斧的改革，而且通过北方大战打通了波罗的海的出海口。从此，俄国开始跻身欧洲强国之列。

彼得一世

彼得一世改革

18世纪初，彼得一世在俄国实行了一系列改革。在军事上，创建新军，实行义务兵役制；引进国外的新式武器与战略战术，建立俄国第一支海军。在经济上，准许商人将整个村庄连同农奴一起购买；鼓励出口，限制进口；派遣大批留学生去西欧学习科学文化及工程技术。在政治上，大力加强中央集权，废除贵族杜马，设立由沙皇任命的参政院。在行政管理上，把全国划分为50个省，省长的任免权由沙皇掌管。在宗教方面，废除大教长职务，由政府控制的宗教会议管理教会。在文化和教育上，改变俄国人落后的生活习俗，重视贵族子弟的教育，建立科学院，兴办报纸等。改革达到了富国强兵的目的，加速了俄国的现代化。

为寻求强国之路，彼得一世微服出访，到西欧发达国家寻访新观念和新技术。

盛行于彼得一世时期的马拉雪橇

彼得一世迁新都

1703年，彼得一世决定以保罗要塞为基础，在涅瓦河口两岸建设新的都城——圣彼得堡，它将成为俄国面向欧洲的一个窗口。根据彼得一世的命令，从全国各地调集千千万万的农民前来筑城。1713年，彼得一世正式将首都从莫斯科迁到圣彼得堡。

北方战争

1700~1721年，俄国为收复17世纪初被瑞典占领的俄罗斯领土，和打通通向波罗的海的出海口，向瑞典宣战。战争初期，俄军接连失利。11月，俄军在纳尔瓦一战中几乎全军覆没。为了战胜瑞典，彼得一世对俄国军队进行了改革。1706年，瑞俄再度开战。1708年，瑞典攻入俄国。1709年4月，瑞军包围了俄国的战略要地波尔塔瓦。同年7月，俄军在波尔塔瓦战役中大败瑞军。1721年俄瑞两国缔结了《尼斯塔得和约》，北方战争结束，俄国占领芬兰湾等地，获得了波罗的海的出海口。

战场上的瑞典士兵

法国大革命与拿破仑时代

法国资产阶级在18世纪末领导了一场推翻封建专制统治、确立资本主义制度的革命。这场革命以1789年巴黎人民举行武装起义、攻占巴士底狱为爆发的标志,以1799年拿破仑"雾月政变"夺取革命政权为结束的标志。革命后,拿破仑上台,建立了法兰西帝国。1815年,拿破仑兵败滑铁卢,标志着拿破仑时代的正式结束。

巴黎人民攻陷了巴士底狱。

三级会议召开

法国三级会议在1302年首次召开,但从1614年起被长期关闭。路易十六统治时期被迫召开三级会议。1789年5月,三级会议在凡尔赛宫开幕。第三等级的代表要求限制王权,但路易十六闭口不谈改革。第三等级代表遂把三级会议改为国民会议,最后导致了法国资产阶级革命的爆发。

三级会议

攻占巴士底狱

1789年7月,由于法国革命形势不断发展,国王路易十六暗中调动军队,准备以武力解散国民议会并逮捕第三等级的代表。7月14日,武装起来的群众占领了巴黎的主要市区。随后,群众高呼着"打到巴士底去"的口号,冲向巴士底狱。经过激烈的战斗,巴士底狱被攻破。这标志着法国资产阶级革命的爆发。

《人权宣言》

革命初期,大资产阶级立宪派掌握了政权。1789年8月26日,制宪议会发布了资产阶级革命的纲领性文件《人权宣言》。宣言指出,人生来是而且始终是自由平等的;自由、财产、安全和反抗压迫都是天赋的、不可动摇的权利;法律面前所有公民一律平等;私有财产神圣不可侵犯。宣言贯穿始终的基本精神是人权思想,后来成为《1791年宪法》的序言。宣言是反封建的旗帜,有很大的进步意义。

法兰西第一共和国

1792年8月10日,巴黎人民再次发动起义,代表工商业资产阶级的吉伦特派取得政权。1792年9月22日,由普选产生的国民公会成立了法兰西第一共和国。吉伦特派于执政期间颁布法令:强迫贵族退还非法占有的公有土地;将没收的教会土地分成小块出租或出售给农民;等等。1793年1月21日,国民公会审判并处死国王路易十六。

国王路易十六被处死。

制宪议会

雅各宾派专政

巴黎人民第三次起义后，革命群众掌握政权，以罗伯斯庇尔为首的雅各宾派建立了革命专政。在内忧外患的严峻形势下，雅各宾派政府采取了一系列措施：颁发"土地法令"，废除封建土地所有制；颁布打击投机奸商的法令，用死刑对付囤积垄断的商人。雅各宾派还实行革命恐怖，大规模镇压逃亡贵族和反革命分子。1793年底，法国国内叛乱基本平息。但不久雅各宾派内部发生了分裂。1794年7月，政权被热月党人推翻。

油画《拿破仑加冕仪式》

名画《马拉之死》

法兰西第一帝国

1799年，拿破仑发动"雾月政变"，推翻了热月党人建立的督政府，建立了以其为首的执政府，执掌了法国的军政大权。1804年5月，在拿破仑的授意下，元老院宣布拿破仑·波拿巴为法兰西的世袭皇帝，称拿破仑一世。法国成为法兰西帝国，历史上称之为法兰西第一帝国。

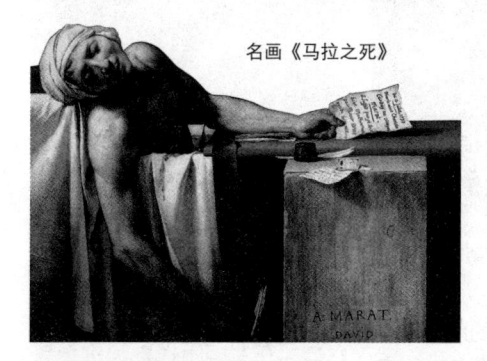

《拿破仑法典》

拿破仑建立帝国后，于1804年颁布了《民法典》，1807年正式命名为《拿破仑法典》。法典明确肯定资本主义私有制度，规定私有财产绝对不可侵犯，确认了在法律面前人人平等的原则；规定一切法国人都享有民事权利；等等。《拿破仑法典》是一部典型的资产阶级性质的法典。

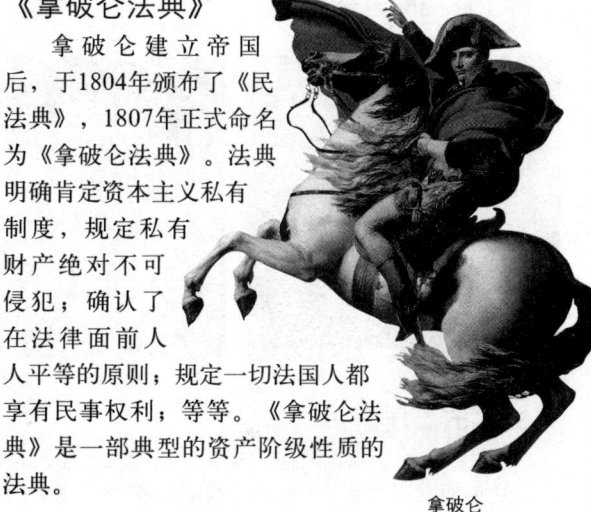

拿破仑

拿破仑退位

1814年初，反法联盟军队进入法国，盟军士兵人数超过拿破仑军队的4倍。同年3月31日，以俄国沙皇亚历山大一世为首的联军攻入法国巴黎。4月6日，拿破仑宣布退位，被囚禁在地中海的厄尔巴岛上。5月3日，原法国波旁王朝国王路易十六的弟弟路易十八即位，建立复辟王朝。5月30日，反法联军与波旁复辟王朝签订《巴黎和约》，规定法国恢复到1792年战争开始前的边界，放弃全部在战争中占领的土地。

滑铁卢战役

1815年2月拿破仑在法国南部登陆，并重掌朝政。1815年6月18日，拿破仑军队同英、普军队进行了历史上著名的滑铁卢战役。法军在大炮的猛烈轰击下，向英军发动猛烈进攻。英军顽强抵抗，始终坚守阵地。当日傍晚，普鲁士军队摆脱了法国的围追，按计划赶到滑铁卢，猛攻法军的右翼。英军在普鲁士军队的配合下，乘势转入反攻，法军大败。拿破仑再次退位，被流放到大西洋中的圣赫勒拿岛，后死于流放地。

拿破仑在滑铁卢战役中惨败。

美国的独立与内战

北美的经济迅速发展，但英国殖民者的横征暴敛，引发了北美人民的强烈反抗。1775~1783年，一个独立的美利坚合众国在战争中诞生了。美国独立后，北方工业资本主义和南方种植园奴隶制度之间的矛盾越来越激化，从而引发了一场内战。美国内战以北方集团的胜利告终，它为美国资本主义的高速发展开辟了广阔的道路。

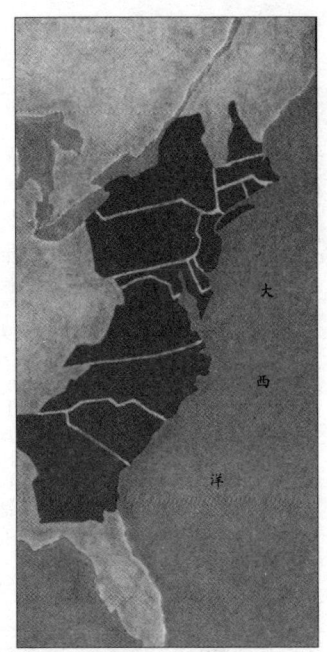

北美洲最早建立的十三州地图

殖民统治下辛勤劳动的北美人民

殖民地的高压统治

18世纪后期，英国政府为加强对英属北美殖民地的统治，开始对其采取高压政策。1764年，英国政府颁布《食糖条例》，同年又颁布《通货条例》。1765年颁布《印花税法》，为确保印花税的征收，英国还颁布了《驻兵条例》。这些措施加强了对北美殖民地的剥削和压迫，严重阻碍了当地资本主义的发展。英国的高压统治成为北美殖民地爆发独立战争的根本原因。

第一届大陆会议

1774年9月5日~10月26日，第一届大陆会议在费城召开，共有12个殖民地的55名代表参加了会议。这些代表绝大多数是地主、资本家和种植园主的代表。大陆会议围绕民族独立的问题展开激烈争论。会议通过了《权利宣言》，要求英国政府取消对殖民地的各种经济限制和多项高压法令。

莱克星顿的枪声

1775年4月18日夜，马萨诸塞州总督盖奇派兵到波士顿搜查殖民地民兵的军火库。4月19日拂晓，英军路经莱克星顿时遭到民兵的伏击，由此打响了北美独立战争的第一枪。

打响莱克星顿枪声的著名民兵——"分钟人"塑像

波士顿倾茶事件

1773年初，英国政府特别通过了一项援助东印度公司的《茶叶条例》，准许该公司在北美殖民地廉价销售积压茶叶。殖民地的茶叶商人深受打击。1773年12月，东印度公司满载茶叶的船只开进波士顿港。12月26日，波士顿八千群众集合，要求东印度公司的茶船开出港口。要求被拒绝后，一些北美人乔装成印第安人，于当晚潜入东印度公司的茶船，把茶叶全部倾倒入大海。这就是有名的"波士顿倾茶事件"。

《独立宣言》

1776年7月4日，第二届大陆会议在费城召开，会议通过了由杰斐逊等人起草的《独立宣言》。宣言指出：人人生而平等，都有生命权、自由权和追求幸福的权利；如果政府损害这些权利，人民就有权来改变它或废除它。宣言庄严宣告：北美13个殖民地脱离英国而独立，美利坚合众国诞生。此后，7月4日就成为美国的国庆日。

杰斐逊等人正在起草《独立宣言》。

萨拉托加大捷

独立战争初期，美国大陆军不到2万人，既没有经过训练，装备也很落后，而英军却有10万之众。美军接连失利，英军相继占领纽约和当时的首都费城。1777年10月，华盛顿统帅的大陆军得到北部各地民兵的配合，南北夹攻，在哈得孙河谷的萨拉托加击败英军，扭转了整个战局。同时，杰斐逊到欧洲进行外交斡旋，争取法、荷、西等国的援助。萨拉托加大捷改善了美国的战略态势和国际地位，成为美国独立战争的重要转折点。1783年9月，英美两国签署《巴黎和约》，英国承认美国独立。

美国独立战争中的战斗场景

南北战争

19世纪上半期，美国北方资本主义工业和农业发展迅速，南方各州则盛行奴隶制经济。南北方社会制度的矛盾引起双方在政治、经济上的对立。1860年，反对黑人奴隶制的共和党人林肯当选总统，激起南方种植园奴隶主的不满。南部蓄奴州南卡罗来那首先脱离联邦，接着乔治亚、佛罗里达等州相继脱离联邦，于1861年4月向北方发动进攻，内战爆发。

南北战争期间，林肯进行了一系列政治、经济改革，调动了广大农民、黑人的积极性。

葛底斯堡战役

南北战争爆发后，在战争初期，南方军队赢得多次胜利，北方一度失利。但在1863年7月，北方赢得了内战中最大的一次战役——葛底斯堡战役的胜利，成为内战的转折点。从1863年2月开始，北军的格兰特将军率军围攻葛底斯堡。经过几个月的围困，南军被迫于7月4日投降。至此，北方控制了密西西比河，将南方领土一分为二。

胜利会师

1864年，北军分东、西两线同时展开强大攻势。东线的北军将领谢尔曼由萨凡纳北上与重创罗伯特·李部队的格兰特将军会合。胜利会师后的北方军队于1865年攻占了南部同盟首都里士满。1865年4月9日，南军统帅罗伯特·李率军投降，持续五年之久的南北战争以北方胜利而宣告结束。

联邦军的弹药盒

工业革命时代

18世纪30年代，英国开始了一场前所未有的革命——工业革命，欧美由此进入工业革命时代。工业革命使资本主义由工场手工业生产过渡到机器大工业生产，极大地提高了社会生产力。同时，它也使得整个社会日益分裂为两大对立的阶级——资产阶级和无产阶级，工人运动蓬勃兴起。

图为19世纪早期英国煤矿使用蒸汽机的情景。

工业革命时代的纺纱机

纺织工业技术革命

英国工业革命最先从棉纺织业开始。1733年，机械工凯伊发明飞梭，使织布效率大大提高。1764年，纺织工人哈格里夫斯制造出了"珍妮纺纱机"，一次可纺出上百根纱线。但珍妮机纺出的纱细而易断，还需人力带动。1769年，钟表匠阿克莱特发明了水力纺纱机，纺出的纱结实但较粗。1779年，克隆普顿结合珍妮机和水力纺纱机的优点，发明了"骡机"，可同时带动300～400个纱锭，纺出的纱又细又结实。1785年，牧师卡特莱特发明水力织布机，使织布工效提高了40倍。到1800年，英国棉纺织业已基本实现机械化。

蒸汽机的发明

在纺织工业的技术革命中，水力动力机械已经出现，但是工厂必须建在河边，且生产规模受河水流量限制，生产很不稳定。因此，人们需要寻找新的动力。1783年，苏格兰机械师瓦特成功改进了蒸汽机。1785年，他改良的蒸汽机被用作纺织机器的动力，由此掀起了第一次技术和工业革命的热潮。

史蒂芬孙制造的火车

火车的发明

1825年9月，英国工程师史蒂芬孙经反复研究、设计和试制，制造了"旅行号"火车。这列拖有6节货车及33节载客车厢的火车，以每小时18千米的速度行驶。1829年，自利物浦至曼彻斯特的铁路竣工时，由史蒂芬孙制造的最高时速接近50千米的"火箭号"机车获得火车比赛的胜利。从此，铁路成为交通的大动脉。火车和铁路对工业革命起了巨大的推动作用。

轮船的发明

在工业革命开始后，人类随着蒸汽机的发明而进入了汽船时代。1807年8月，美国人富尔顿建造的世界上第一艘蒸汽轮船"克莱门特号"在北美哈得孙河上试航成功。1843年7月，英国工程师布鲁内尔设计的"大不列颠号"轮船下水，成为世界上用螺旋桨代替明轮的第一艘蒸汽轮船。

富尔顿发明的轮船

工人运动的兴起

19世纪30~40年代，英国工业革命已基本完成。资产阶级和无产阶级的对立日益明显和突出，斗争日趋激烈。这一时期先后爆发了法国里昂工人起义、英国工人宪章运动和德国西里西亚纺织工人起义。这表明无产阶级作为独立的政治力量已经登上了历史舞台，从而为马克思主义的诞生奠定了阶级基础。

英国北部纽卡斯尔工厂的劳动场面

英国工人宪章运动

英国工业革命后，议会选举很不民主。为此，工人进行了争取选举权的斗争。1837年，伦敦工人协会拟定了争取普选权的纲领，次年以法案形式公布，称为《人民宪章》。主要内容有：凡年满21岁的男子皆有选举权；废除议员候选人的财产资格限制；议会每年改选一次；平均划分选举区域；按选民人数产生代表。《人民宪章》得到广大民众的响应，宪章运动由此在全国蓬勃展开。从1838年至1848年，宪章运动掀起了三次高潮，均以失败告终。但是，宪章运动推动了欧洲工人运动发展，是英国工人阶级独立登上政治舞台的标志。

英国工人宪章运动

空想社会主义

随着工业革命的发展，资本主义制度的固有矛盾已初步显现。一批先进的思想家在批判社会不合理现象的同时，对未来的理想社会提出了许多天才设想。这就是空想社会主义。其主要代表人物有法国的圣西门、傅立叶和英国的欧文。

空想社会主义思想家圣西门

1848年欧洲革命

1845~1846年，欧洲农业歉收。1847年，欧洲发生经济危机，工厂纷纷倒闭，大批工人失业，人民生活贫困，阶级矛盾日益激化。1848年初，一场席卷欧洲大陆的规模空前的资产阶级民主革命终于爆发了。一时间，欧洲烽火连天。法国、奥地利、匈牙利、爱尔兰、瑞士、荷兰、丹麦以及德国和意大利的许多州、省都相继发生了革命。

1848年欧洲革命中，革命群众纷纷拥上街头。

马克思主义诞生

独立的工人运动的兴起呼唤真正代表本阶级利益的科学理论。马克思和恩格斯吸收和改造人类文明的优秀成果，研究和总结了早期工人运动的状况和经验，创立了马克思主义。马克思主义是无产阶级及其政党的世界观，是无产阶级根本利益的体现。

亚、非、拉民族民主运动

帝国主义在侵略亚非拉的过程中，与殖民地各国的封建势力勾结起来，加深了各国被压迫人民的苦难，激起殖民地人民的强烈反抗。18世纪末到19世纪初，反殖民统治的民族民主运动和独立解放运动席卷了亚洲、非洲和拉丁美洲的殖民地。殖民地人民经过艰苦卓绝的斗争，赢得了独立和自由。

玻利瓦尔

海地革命

1791年8月22日，海地黑奴敲响战鼓，在奴隶出身的杜桑的领导下揭竿而起。起义军先后击败法国、西班牙和英国侵略军，摧毁了奴隶制度。后来杜桑被诱捕，并被处以死刑。他的战友们继续战斗。1804年1月，海地终于赢得独立，并恢复了印第安人的传统名称——"海地"（意为"多山的地方"）。

印度反英民族大起义

1857年初，英国殖民者给印度土兵发放涂有牛油和猪油纸包装的子弹，严重侮辱了他们的宗教信仰，激起了土兵们的强烈愤慨。1857年5月，印度土兵发动起义，控制了德里城。他们把莫卧儿帝国的末代皇帝拥上帝位，并号召全印度人民团结一致驱逐英国殖民者。9月，英军攻入德里，镇压了起义军。此后，起义军转入游击战，一直坚持到1859年底。1857~1859年的印度反英民族大起义沉重地打击了英国在印度的殖民统治，支援了亚洲其他国家的民族解放运动。

南美洲独立运动

在独立派领袖玻利瓦尔的领导下，南美北部的委内瑞拉于1811年7月发表独立宣言，成立了共和国。而在南美南部，何塞·圣马丁使阿根廷和智利脱离西班牙的统治而获得了自由。此后，南美人民在玻利瓦尔和圣马丁的率领下，一北一南夹击西班牙殖民军队，先后解放了哥伦比亚、厄瓜多尔和秘鲁。南美大部分地区独立。

苏丹马赫迪起义

1881年，苏丹人民不堪忍受英国殖民者繁重的苛捐杂税，爆发了马赫迪反英大起义。1885年6月，马赫迪病逝，他的战友阿卜杜拉建立了中央集权国家，实行了一系列政治、经济和军事措施。英国殖民者于1896年派遣装备精良的远征军进犯苏丹。1900年，起义军战败，苏丹最终成为英国殖民地。

圣马丁率领军队翻越安第斯山脉去攻打秘鲁

第一次世界大战

从1914年到1918年，同盟国和协约国两大帝国主义集团为瓜分世界、争夺殖民地和霸权而进行了一场世界规模的战争。战争先在德国、奥匈帝国及其敌对国英国、法国、俄国、比利时、塞尔维亚和黑山8个欧洲国家之间开始，后逐渐有30多个国家共15亿人卷入战争，战场遍及欧、亚、非三大洲和大西洋、太平洋等海域。

表现萨拉热窝刺杀事件的漫画

萨拉热窝事件

1908年，奥匈帝国吞并了波斯尼亚和黑塞哥维那，这激起了南斯拉夫人民的强烈抗议。1914年6月底，奥匈帝国在波斯尼亚举行军事演习，向塞尔维亚挑衅。6月28日，视察完军事演习的奥匈皇储斐迪南大公乘车到波斯尼亚首府萨拉热窝访问时，被塞尔维亚民族主义组织的一名成员开枪打死。这就是历史上著名的萨拉热窝刺杀事件。它成为第一次世界大战的导火索。随后，第一次世界大战爆发了。

凡尔登和索姆河战役

1916年2月，德军进攻法国北部重镇凡尔登，发动凡尔登战役，法德双方激战数月，伤亡惨重，德军仍未能攻克凡尔登。接着，为了牵制德军，减轻凡尔登战场法军的压力，英法联军于1916年7月在索姆河畔发动大规模的进攻。英军首次把坦克投入战场。11月，联军停止进攻。12月，凡尔登战役结束。这两次战役双方共伤亡190多万人。德军击垮法国的目的未能实现，同时消耗了德国大量人力物力。索姆河战役和凡尔登战役一同成为第一次世界大战的转折点。

战壕中的参战士兵

第一次世界大战给交战各方带来了大量的人员伤亡。

第一次世界大战的后果与影响

第一次世界大战后期，美国对德国宣战，德军在西线发动4次攻势全部受挫。1918年8月，英法等国全线反攻。同时德国爆发革命，君主政体被推翻。1月11日，德国代表签署了停战协定，第一次世界大战宣告结束。这次大战历时4年零3个月，先后有30多个国家参战，交战双方共死亡1300万人，受伤、失踪者达2000多万人，平民因战乱死亡的人数超过军队。直接经济损失约1805亿美元，间接经济损失约1516亿美元。第一次世界大战对战后的国际关系产生了重大影响。

第二次世界大战

第一次世界大战后，西方各国经济危机加深，世界局势动荡不安。1939~1945年，第二次世界大战在德、意、日法西斯轴心国和反法西斯同盟国及全世界反法西斯力量之间进行。这场战争给人类带来极大灾难，其结果以反法西斯国家和世界人民战胜法西斯赢得和平而告终。

希特勒的竞选招贴画

德军突袭波兰

1939年9月1日凌晨，德国军队对波兰发动突然袭击。德军迅雷不及掩耳的闪电战使波兰措手不及，军队还未集中，就被德军分割包围。德军迅速突破波军防线，占领波兰。英、法是波兰的盟国，在向德国提出和平解决冲突的幻想破灭后，被迫于9月3日对德宣战。第二次世界大战全面爆发。

浴血奋战的波兰士兵

诺曼底登陆

1944年6月6日，盟军陆战队在诺曼底强行登陆。诺曼底登陆战役的胜利使德军陷入东、西夹击之中。此后，盟军加强攻势。8月下旬，盟军解放巴黎。8月25日，在巴黎人民起义的配合下，法军开进了巴黎接受德军投降。欧洲第二战场的开辟，给德军以毁灭性打击，加速了德国法西斯的灭亡。

诺曼底登陆战役中，美军登陆奥马哈滩。

德、意、日投降

1943年7月，英美盟军在西西里岛登陆。9月3日，意大利投降。1945年4月，苏军进攻柏林。4月30日，法西斯头子希特勒自杀。5月7日，德国政府的代表向美、英、苏三方代表签署了《无条件投降书》。1945年8月15日，日本正式宣布投降。9月2日，日本代表在美舰"密苏里号"上签署投降书。第二次世界大战宣告彻底结束。

盟军占领了柏林。

第二章 Part 2

中国历史

四大文明古国之一的中国在世界文明史上占有重要地位。古代中国文明是最早进入封建社会的文明，而且是比其他地区和国家先进的农业文明。在公元前221年进入封建社会以后，中国在世界的政治、经济和文化方面一直处于较领先的地位。封建社会制度从秦确立以后，逐渐发展至鼎盛时期，农业文明达到了世界的顶峰。中国的文明和进步为世界的进步和人类的文明增添了耀眼夺目的光辉。

史前文明

发现于我国云南的元谋人以及北京周口店的北京人等是我国已发现的较早人类。据考古发现，北京人已经知道用火。此后，人类社会进入新石器时代，历经母系和父系氏族社会，氏族部落开始出现。黄帝、炎帝、蚩尤、共工等传说中的人物，都是当时各族的代表；"龙文化"在那时已经发源。此后又经过了尧、舜、禹大治时期。这些共同构成了我国灿烂的史前文明。

女娲造人

元谋人

1965年发现于云南元谋县上那蚌村的元谋人，是我国已发现的较早的人类，距今约170万年。目前仅发现属于同一个体的两颗上颌侧门齿化石。这两枚门齿齿冠下部的度结节发达，指状突粗壮。另外，还发现了中国犀和剑齿象等哺乳动物化石、石制品及大量炭屑。这些共存物反映出元谋人生活在温暖而湿润的气候环境中，使用石制工具，并可能懂得使用火。

北京周口店猿人洞

北京人

北京人生活的时代距今约70万～20万年。这一发现，首次将中国历史向前推进了数十万年。北京人通常数十个人结成团体，依靠简陋的工具和武器与大自然及凶猛的野兽搏斗，猎取野生动物和采集植物果实及根茎为食物。在北京人生活过的山洞里，至今还留有大量被打碎和烧过的动物骨头。

山顶洞人

山顶洞遗址位于北京周口店北京人遗址山顶上的洞穴，故将居于此地的人命名为"山顶洞人"。在这里发掘出大批旧石器时代晚期的石器、骨角器和人骨化石。山顶洞人生活在距今18000年前。出土的人骨化石显示出山顶洞人的体质已很进步，与现代人基本一致，属于原始蒙古人种，但还处于形成之中，兼具中国人、爱斯基摩人和美洲印第安人的头骨形态。因此，也可以把山顶洞人视为上述几种人的共同祖先。

仰韶文化

仰韶文化因1921年首先发现于河南省渑池县仰韶村而得名，大致处于公元前7000～前6000年，是中原地区分布十分广泛的一种新石器文化。现已发现的遗址达1000多处，其中重点发掘的有西安半坡、临潼姜寨、宝鸡北首岭、河南陕县庙底沟、洛阳王湾、郑州大河村、安阳后岗等，分为若干个不同类型。

山顶洞人复原头像

河姆渡文化

河姆渡文化是因发现于浙江余姚河姆渡而得名，大致处于公元前5000～前3300年，主要分布在杭州湾南岸的宁绍平原及舟山岛。河姆渡文化的骨器制作比较发达，有耜、镞、鱼镖、哨、锥、匕、锯形器等器物，磨制精细，堪称精美绝伦的实用工艺品。河姆渡文化的农业以种植水稻为主，是目前世界上最古老的人工栽培水稻。

涿鹿之战

大汶口文化

大汶口文化主要分布在山东省泰山周围地区，大致处于公元前4000年。包括山东中南部和江苏淮北一带。大汶口文化以农业经济为主，种植适合黄河流域的耐旱作物——粟。农业生产工具有石铲、鹿角锄等，木质农具如耒、耜等已经出现。大汶口文化制陶工艺最高水平的代表为薄胎高柄杯，造型优美，色泽鲜亮，集实用性和观赏性为一体，成为龙山时代蛋壳黑陶的祖先。

中华始祖——黄帝

黄帝是传说中的中原各族的共同祖先，姬姓，生于轩辕之丘，称轩辕氏，又称有熊氏，大约生活在公元前4000多年。他在各部落首领的支持下，与炎帝战于阪泉之野（今河北涿鹿东南），大败炎帝。黄帝又联合诸部落与蚩尤大战于涿鹿之野（今河北涿鹿），杀死蚩尤。因此他被众首领推举为部落联盟领袖，称黄帝。传说黄帝命仓颉为史，创造文字；让隶首制定度量衡标准；命伶伦定曲调，开始有五音。黄帝教民盖房屋、造舟车；帝后嫘祖养蚕织布，对后世影响很大。

唐尧像
尧帝以贤明而著称，他年老后，不能亲政，其子丹朱又软弱无能，尧就把帝位传给舜。

炎帝陵
《国语》中记载，炎帝部落生活在今天的陕西宝鸡一带。除了宝鸡炎帝陵以外，湖南也有炎帝陵。这可能是因为炎帝部落曾部分南迁，足迹两湖的缘故。

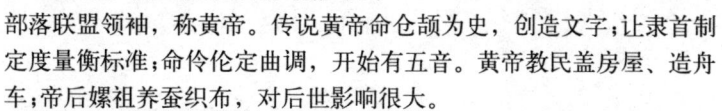

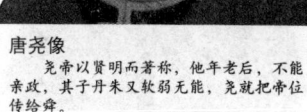

尧舜时代

唐尧是帝喾之子，姓伊祁，初封于陶，后又封于唐，所以称陶唐氏。都平阳（今山西临汾西南），在位100年。尧老后，召集各部落首领商议继位者，部落首领们一致推举舜。虞舜，名重华，生长于有虞氏部落，因此称虞舜。舜代行国政30年后，尧禅位给舜。舜在位48年，定都蒲坂（今山西永济蒲州镇）。于南巡中死于苍梧之野（今湖北宁远九嶷山郊野）。尧舜时代约处于公元前2250～前2100年，是我国父系氏族社会晚期。

仓颉造字

夏与商

公元前21世纪，禹的儿子启破坏禅让制，建立了中国历史上第一个奴隶制国家夏朝，中国历史掀开崭新的一页。从夏朝开始，中国就以统一的国家为主流形态，屹立于世界的东方。夏亡，殷商继起，牧野之战后商为西周代替。

大禹

夏启立国

约公元前2070年，由夏启开创的父死子继的世袭制王朝，历史上称为夏朝。启是禹的儿子。相传禹曾定皋陶为继位人，皋陶先死，禹又定伯益。禹死后，伯益避让启，"诸侯皆去益而朝启"，启因此继位为王。这是中国历史上第一个王朝时代。夏朝的建立，标志着漫长的原始社会被私有制社会所替代，这是一个历史的进步。

夏桀亡国

约公元前1766年，夏朝与周围方国的矛盾相当激烈。就在夏王桀众叛亲离，阶级矛盾日益激化的同时，东方临近的商部落日益强大，见到桀如此无道，其首领汤就起兵伐夏。直到商兵杀到都城，夏桀才如梦方醒，慌忙逃向鸣条。商军在鸣条一举全歼夏军。夏桀多次出逃，最后死于南巢。夏朝从启至桀，历13代，16王，约471年。

关龙逢
关龙逢因直谏夏桀而被杀，后世人将他与周代芮伯相提并论，二人也因此成为历朝历代刚直谏臣的楷模。

商汤

成汤建商

商族是居住在黄河下游的一个有着悠久历史的部落，是夏朝东邻的一个强大的部落联盟。汤即位时，商族已进入奴隶制社会。成汤是一位有才干的君主，他任用伊尹为右相，仲虺为左相。在他们两人的辅佐下，汤的势力日益强大。约公元前1600年，汤的军队占领了夏朝的首都斟鄩（今伊洛地区），经过激战，夏王朝灭亡，汤建立了商王朝。

商朝灭亡

商朝末期，纣王的暴政激化了社会矛盾。商的属国周在渭水流域迅速崛起。周文王任用贤才姜尚进行军政改革，国势日益强大。周武王继位后，商朝的统治更加腐朽衰败。公元前1046年，周武王率军联合西方和南方众多方国部落，向商都朝歌（今河南淇县）进军，双方在商都郊外牧野（今河南新乡牧野村）会战，商军"前徒倒戈"，迅速瓦解，周军突袭。纣王见大势已去，登鹿台自焚而死。至此，商朝灭亡。商朝自汤迄纣，历17代，31王，约553年。

商纣王

周

周代商而立国，确立了家天下的宗法制和土地王有的井田制，中国统一的奴隶制文化达到极致，社会经济得到了空前发展，创造了灿烂辉煌的青铜文明。

西周的建立

牧野之战后，武王进入商都，分商的畿内为邶、鄘、卫三国，以邶封纣子禄父（即武庚），鄘、卫则由武王之弟管叔鲜、蔡叔度分别管理，合称三监（一说管叔监卫、蔡叔监鄘、霍叔监邶，以监视武庚）。随后派兵征伐尚未臣服的商朝诸侯，据记载征服99国，臣服652国。克商后，武王还师西归，定都镐京，建立周朝。

周武王

分封诸侯
周初的分封对象有同姓宗室子弟，又有异姓功臣宿将，还袭封神农、尧、舜、禹及商汤的后代。每一个封君受封的不仅有土地，而且还有人口。封君要对周王室尽纳贡、守边等义务。

西周灭亡与东周的建立

西周末帝周幽王因宠爱褒姒，废申后及其太子宜臼。此时周王朝力量已十分衰微。幽王九年（前773年），申侯与西戎及邻侯结盟，联合反周。幽王十一年（前771年），申侯与邻国、犬戎举兵伐镐京，幽王燃烽火而诸侯不至，势穷力孤，被打得大败。幽王被杀，西周灭亡。幽王被杀后，太子宜臼登上了国王宝座，就是周平王。当时镐京经历战火的洗劫，宫室残破，王畿荒芜，一时不易恢复，周平王迁都洛邑，史称东周。

春秋战国

公元前770~前256年属于我国春秋战国时期，这时的周王室地位一落千丈，历史也进入一个列国纷争的大动荡、大分裂时期。所以，东周实际上包括了前后两个大的历史阶段：前段即春秋时期，其特点是天下权力重点由天子下移到诸侯；后段即为战国时期，其特点是权力重心继续下移，由诸侯而卿大夫而士，布衣即平民阶层逐渐兴起。

烽火戏诸侯

封建制度的确立

战国早期，各国新兴统治者为了巩固政权、增强国力，锐意进行社会改革，推行各种新政策。各地人才倾力呈献富国强兵之策，变法运动风起云涌般展开。各国的变法是一场地主阶级的政治改革，前后经历了一百多年，经过长期、曲折和反复的斗争，地主阶级专政终于代替奴隶主贵族的专政，新的封建制度确立了。这是历史的进步。但由于它是以一种剥削制度代替另一种剥削制度，所以广大劳动者刚摆脱了奴隶制的枷锁，又被套上了新的封建制度的枷锁。

秦

公元前221年，秦始皇统一六国，建立了中国历史上第一个中央集权的封建王朝——秦朝。秦朝为加强王权，在中央设立以丞相、御史大夫为首，下辖诸卿的政府机构；在地方，郡县制代替了西周的分封制。秦始皇还统一文字、法律、货币和度量衡，同时修建长城，加强了政治统治。但秦皇暴政最终敲响了秦朝的丧钟，陈胜、吴广揭竿而起，项羽、刘邦逐鹿中原，秦朝归于灭亡。

秦朝建立

公元前221年，秦统一了六国，建立了中国第一个统一的多民族的专制主义中央集权的封建王朝。秦王嬴政统一中国之后，兼采传说中三皇、五帝的尊号，宣布自己为这个封建统一国家的第一个皇帝，称"始皇帝"，后世子孙世代相承，递称二世皇帝、三世皇帝。他规定皇帝自称曰"朕"，并制定了一套尊君抑臣的朝仪和文书制度。中国封建帝王制度就这样建立起来了。

秦始皇

巍巍长城见证了秦王朝的兴衰。

秦中央机构的设立

秦始皇建成一套新的行政机构。在这个机构中，中央设丞相、太尉、御史大夫。丞相掌政事；太尉掌军事；御史大夫掌档案书籍，监察百官。丞相、太尉、御史大夫以下，是分掌具体政务的诸卿，其中有掌宫殿掖门户的郎中令，掌宫门卫屯兵的卫尉，掌国内民族事务和外事的典客，掌宗庙礼仪的奉常，掌皇室属籍的宗正等。丞相、太尉、御史大夫与诸卿议论政务，由皇帝裁决。

郡县体制的设立

秦的地方行政机构分郡、县两级。郡设守、尉、监（监御史）。郡监直属中央的御史大夫。县按大小设令或长，管理丞、尉及其他属员。县下有乡，乡设三老掌教化，啬夫掌赋税诉讼，游徼掌治安。乡下有里，是最基层的行政单位。里有里典，后称里正、里魁。此外还有司治安、禁盗贼的专门机构，叫作亭，亭有长。两亭之间大约相距十里。

秦始皇阅兵。

秦陵兵马俑

统一度量衡

公元前221年，秦始皇颁行统一度量衡的诏令。秦始皇为表示统一度量衡的决心，把诏令铭文刻在官定的标准计量器上。秦二世即位后，又颁诏强调统一度量衡是皇帝的功绩，并决心将这个法令推行下去。统一度量衡促进了经济的发展。

统一文字

秦始皇统一六国后，实行"书同文"的政策。丞相李斯规定以小篆作为全国文字的标准字体。秦始皇和李斯改革并统一文字，对于巩固国家的统一，促进经济、文化的发展，起了巨大的作用。对华夏文明此后两千多年的历史文化的发展，也产生了极为重要的影响。

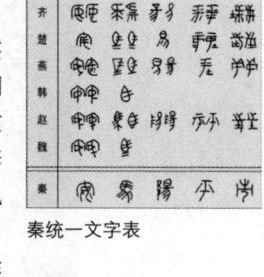

秦统一文字表

万里长城

公元前214年，大将蒙恬率30万大军大举征伐匈奴，收复河套南北的广大地区。为了巩固这一地区，秦始皇将原秦、赵、燕旧时长城，随地形修筑连接，修建成举世闻名的万里长城。万里长城对于抵御匈奴的骚扰，保障人民生产和生活，起到了重要作用。

长城

陈胜、吴广起义

由于秦朝统治残暴，赋税沉重，刑法严酷，并且修建大型工程，劳民伤财，人民怨声载道。公元前209年七月，一队开赴渔阳的戍卒九百人，遇雨停留在大泽乡，不能如期赶到渔阳戍地。秦法"失期当斩"，为了死里求生，他们在陈胜、吴广的领导下，在大泽乡举起了中国历史上第一次大规模农民起义的旗帜。

秦朝统治的灭亡

陈胜起义后，旧楚名将项燕之子项梁和他的侄儿项羽杀掉秦会稽郡守，起兵响应。不久，项梁率领八千子弟渡江北上，连战获胜。原沛县亭长刘邦和一部分刑徒这时也袭击沛令起事，后归入项梁军中。后项羽、刘邦的军队成为两支反秦起义军主力。公元前207年，项羽率兵在巨鹿大战中消灭秦军主力。刘邦乘虚进兵关中，攻克咸阳，秦朝统治灭亡。

焚书坑儒

始皇三十四年（前213年），博士淳于越批评秦始皇废分封，置郡县。丞相李斯当场进行了批驳，并提出了焚书的建议。秦始皇批准李斯这个建议，除少量史书、医药、卜筮等书外，大部分书都被下令焚毁。秦始皇三十五年（前212年），方士侯生和卢生等人讥议始皇贪婪权势，刚愎自用，不用博士而专用狱吏，声称不值得为他寻求仙药，并最终相约逃亡。始皇大怒，下令御史立案查办。李斯等认为，儒生评论时事，不利于统治，结果，秦始皇下令把受牵连的460名儒生，都在咸阳坑杀了。"焚书坑儒"禁锢了思想，摧残了文化，造成了极坏的影响。

焚书坑儒

大泽乡起义爆发后，项羽随叔父项梁在吴中刺杀太守殷通，举兵响应。

古蜀道

在古代，中原和巴蜀间的沟通十分艰险。历经多年开拓，在秦巴山地基本形成了8条交通要道。据记载，刘邦取汉中后，就是沿着西边的陈仓道，北出大散关，攻占了陈仓城，进军咸阳。

汉

公元前202年，汉高祖刘邦建立了汉帝国。及至汉武帝时，平定藩国势力，"罢黜百家，独尊儒术"，征服匈奴，威加海内，国力达至极盛。到了西汉末期，外戚专权，王莽改制，绿林、赤眉起义风起，西汉最终灭亡。公元25年，刘秀称帝，重建汉朝，史称东汉。东汉后期，皇权旁落，外戚、宦官更迭擅权，朝政混乱，最终激起黄巾起义，东汉统治由此瓦解，群雄逐鹿中原，历史进入了三国鼎立时期。

汉高祖刘邦

汉朝的建立

公元前206～前202年，项羽和刘邦发动夺取统治权的楚汉争霸战争。后项羽兵败，在乌江岸边自刎，刘邦随即平定楚地。汉五年（前202年）二月，诸侯王上疏请求尊奉汉王为皇帝，这就是历史上的汉高祖。刘邦称帝初期建都洛阳，不久迁都长安。

项羽乌江自刎

对匈奴的重大胜利

公元前119年，汉武帝命卫青、霍去病率兵分路反击匈奴。卫青率领军队北进千余里，与匈奴单于主力激战，汉军大胜，匈奴单于只带领几百人突出重围逃去。霍去病深入匈奴西部，击败左贤王军队，俘获7万余人，追到狼居胥山。这次战役，西汉取得重大胜利，"是后匈奴远遁，而漠南无王庭"。从此，匈奴失去了大举南犯的实力，由此开始逐步西迁。

卫青

"与民休息"的政策

汉初统治者实行休养生息的政策。这种政策的具体内容：一是轻徭赋。汉初，"轻田租，什五而税一"。文帝时曾一度免除租税。景帝时又"令田半租"。从此田租三十税一成为定制。二是提倡农耕。汉初统治者都很重视农业。文帝曾亲耕藉田，以示重农。凡从事农业生产有成绩者，即举为"力田"，免除其徭役。三是减轻刑罚。汉初曾连续几次赦免罪人。文帝时又废肉刑；景帝时又减笞五百为三百，笞三百为二百，笞二百为一百。

丝绸之路

西汉时，从长安经甘肃凉州武威抵达对外通商的西陲城市敦煌，从敦煌出发通往欧亚各国的商路有两条，即北道和南道。这条横贯亚洲的中西陆路交通主要是因运销中国的丝织品而闻名于世界，因此被中外历史学家誉为丝路或丝绸之路。丝绸之路把欧亚大陆的几个国家和地区即中国、安息、希腊、罗马、大食和马其顿等联系起来，在古代中西内陆贸易活动中具有很重要的地位。

王莽改制

初始元年，王莽篡汉自立，改国号为"新"。为了缓和尖锐的阶级矛盾，先后颁发了一系列诏令，进行改制。王莽的改革，有些措施触到了当时社会重大问题，但并没有起到维护新莽政权的作用。相反，改制或多或少触及了大地主商人的利益，加剧了统治阶级内部矛盾。因此，很快导致了王莽政权的覆亡。

赤眉军攻打城门。

东汉王朝的建立

在农民起义的过程中，刘秀领导的地主武装日益壮大起来。公元25年，刘秀即皇帝位，改元建武。七月，他派兵围攻洛阳，十月招降洛阳守将朱鲔，于是定都洛阳，重建汉王朝，史称"东汉"。刘秀建立东汉后，总揽万机，从善如流，为东汉经济的恢复和发展起了很关键的作用。

汉光武帝刘秀

绿林、赤眉起义

公元17年，长江中游连年灾荒，饥民们在王匡、王凤兄弟领导下发动起义。因为这支起义军最初驻扎在绿林山，故称绿林军。起义军发展迅速，到处攻打地主武装，发展很快。他们的战斗沉重打击了王莽在南方的统治。公元18年，青、徐一带发生大灾荒，琅琊人樊崇率百余人于莒县起义。起义军每人皆以赤色涂眉，因而被称为"赤眉军"。公元22年，起义军与莽军在成昌（今山东东平西）展开激战，莽军大败。这次战役后，赤眉军势力大增，人数发展到十几万人。他们转战于山东、河北、河南、安徽等省交界的广大地区，瓦解了王莽在东方的统治。

汉光武帝刘秀墓
汉光武帝刘秀是中国历史上著名的帝王之一。史称其才兼文武，豁达有大度。他长于用兵，善于以少胜多，出奇制胜。

"光武中兴"

刘秀即位后提倡节俭，注意整顿吏治，惩处贪官污吏。这些措施对恢复发展农业生产和缓和阶级矛盾有一定的作用。在他统治的十几年中，全国出现了较为安定的局面，历史上称作"光武中兴"。

黄巾起义

黄巾起义

东汉后期，朝政腐败，社会动荡不安，各类矛盾尖锐突出。公元184年三月五日，巨鹿郡（今河北宁晋西南）人张角宣布在全国同时起义，并提出了"苍天已死，黄天当立；岁在甲子，天下大吉"的口号。经过了长期酝酿准备的各地农民军接到张角的命令后，同时起义。义军统一佩戴黄巾为标识，人称"黄巾军"。这次起义也因此被成为"黄巾起义"。黄巾起义后东汉已名存实亡。

三国

东汉末年，皇权旁落，封建军阀割据混战。官渡之战后，曹操基本统一北方。赤壁之战后，南北割据局面基本形成。公元220年，曹丕篡汉建魏，后刘备、孙权相继称帝，三国鼎立局面形成。公元265年，司马氏篡魏为晋，史称西晋。公元280年，晋灭吴，鼎立局面又归于一统。

曹操在官渡之战中设计火烧袁绍在乌巢的屯粮重地，大败袁绍。

官渡之战

东汉末年，曹操据有兖州，后来势力渐强。他将洛阳的汉献帝迎到许昌，挟天子以令诸侯，在政治上得到了优势。建安五年，袁绍与曹操在官渡展开决战，曹操以弱胜强，一举消灭了袁绍的主力，成为北方最强的军事集团，为统一北方铺平了道路。

曹操

曹操统一北方

官渡战役之后，曹操进军河北。建安九年（204年），曹操攻占袁绍的统治中心邺（今河北临漳），据有青、冀、并、幽四州之地。建安十二年（207年），曹操北出卢龙塞（今河北喜峰口），大败乌桓，降服了辽东。曹操基本上统一了北方。

赤壁之战

建安十三年（208年）七月，曹操为统一南方，亲自率军20万（号称80万）长驱南下，矛头直指孙权和刘备。刘备派诸葛亮去柴桑（江西九江市西南）见孙权，游说孙权联合起来共同抗曹。曹军和孙刘联军在赤壁（湖北蒲圻西北）相遇，于是爆发了著名的赤壁之战。曹军不习水性，便将船舰首尾相连，以减少颠簸。东吴乘机用计，派将领黄盖诈降。趁着东南风起，黄盖使用火攻，曹操大败，率残兵退回北方。至此，南北割据局面基本形成。

姜维
姜维在诸葛亮死后又进行了几次北伐，但蜀国败局已定，最终于公元263年灭亡。

成都武侯祠

三国鼎立时代结束

泰始五年（269年），晋武帝司马炎以尚书左仆射羊祜都督荆州诸军事，操练士卒，做好伐吴准备。公元279年，晋武帝同意杜预意见，下诏伐吴。次年，晋军顺长江而下，兵至石头城，吴主孙皓投降。至此，三国鼎立时代结束。

两晋南北朝

公元265年，司马氏篡魏为晋，史称西晋。后西晋被匈奴所灭，北方陷入混乱，进入十六国时期，南方则建立了东晋政权。元熙二年（420年），刘裕取代东晋，建立宋朝，此后又经历了南齐、梁和陈几个政权的更迭。历史上将这一时期统称为南北朝时期。

司马炎仿效曹丕代汉建魏的方式代魏建晋。

西晋的建立

三国后期，魏国的世家大族凭借"九品中正制"把持国家政权。到魏元帝时，政权被牢牢控制在司马昭手中。公元265年，司马昭去世。同年十二月，司马昭的儿子司马炎在南郊设坛，逼迫元帝曹奂退位，自称皇帝，改国号为晋，建都洛阳，年号泰始，史称西晋。西晋建立后，晋武帝积财整军，趁吴国政治混乱，于咸宁六年（280年）三月灭吴，统一了全国。

东晋王朝的建立

西晋灭亡后，琅琊王的僚属纷纷上表劝逃到南方的司马睿即皇帝位。公元317年十月，司马睿于建业即位称帝，这就是晋元帝，东晋王朝正式建立。在江左建立的东晋政权不仅是门阀专政的工具，同时也反映了汉民族利益的某些特征，所以"中州士女避乱江左者十之六七"。东晋政权也是门阀专政的工具。

南北朝时代

东晋十六国之后，中国历史进入南北分裂、南北对峙的阶段。北方北魏、北齐、北周等国交替割据。南方东晋元熙二年（420年），刘裕建立宋朝，此后又经历了南齐、梁和陈几个政权的更迭，南方各朝的京城始终建在建康（今江苏南京），历史上统称南朝。这段时期也被称为南北朝时代。

王羲之是东晋伟大的书法家，琅琊王氏之后，被尊为"书圣"。

淝水之战

淝水之战

公元376年，前秦统一北方后，与东晋相峙于淮水一线，准备征伐东晋。前秦建元十九年（383年）七月，苻坚不顾群臣反对，下诏大举攻晋。两军对阵于淝水两岸。谢玄派人前往前秦营中，要求秦军向后移动，使晋兵渡河决战。苻坚打算趁晋兵渡河之机，以铁骑出击打垮晋军，便同意晋军要求。但前秦军不愿再战，听到命令后，一退不可收拾。晋军乘势攻击，大获全胜。这一战使前秦政权彻底瓦解，北方陷入混战局面。

隋

公元6世纪，中国封建社会进入了鼎盛时期。公元581年杨坚代周建隋，统一南北，在政治、经济、文化上进行了一系列改革，对后世产生了深远的影响。他首创了三省六部制，并改地方行政机构为州、县两级，开创了科举取士的先河。这些措施对紧随其后的唐朝影响至深。

隋文帝杨坚

隋朝的建立

北周宣帝时，政治腐败，人民生活困苦。公元580年，周宣帝病死，继位的周静帝仅8岁，杨坚以大丞相身份辅政，控制了北周的军政大权。一些州的总管先后起兵反对杨坚，都被平定。杨坚在消灭北周残余势力后，于公元581年废周静帝自立，建国号为隋，改元开皇，建都长安，杨坚就是隋文帝。

官制的改革

隋朝的中央机构恢复汉、魏旧制，设置三师、三公及尚书、门下、内史、秘书、内侍五省。公元583年，隋文帝将以往州、郡、县三级地方机构改为州、县两级制，并且合并了一些州县，裁汰一批冗官，节约了政府开支，加强了行政效率。隋炀帝时又改州为郡。这些都有利于加强中央集权制的统治。

科举考试

科举制的雏形

隋以前，选官用九品中正制度。隋文帝即位后，正式废除了前朝的选官制度，规定每州每岁贡士三人。隋文帝令京官五品以上，和地方总管、刺史等官员，以志行修谨、清平干济为标准推荐人才。隋炀帝时，又创立了进士等科。这是科举制度的开始。这个制度有利于选拔人才，增强政治效率，对封建专制中央集权的巩固起了很大的作用。

均 田 制 表

受田者	露田（死后还给国家）	桑田（不再收回）
一夫一妇	120亩	20亩
丁男	20亩	为户主者有20亩
男18岁以下	无需	

在隋唐两代，中国封建社会进入鼎盛时期。

均田制的推行

隋制规定，自亲王至都督皆授永业田，多者百顷，少者30顷。京官从一品至九品都依职分田，多者5顷，少者1顷。官署给公廨田，以供公用。一夫一妇受露田120亩，丁男受永业桑田或麻田20亩。实行均田制，农民得到了一些土地，地主的土地兼并也多少受到一些限制，这就有利于提高农民的生产积极性和扩大耕地面积。

隋炀帝的暴政

　　隋朝统治集团在取得统一战争的胜利之后，其腐朽性逐渐暴露出来。为了向全国人民和四邻国家显示淫威，隋炀帝经常外出巡游。隋炀帝时期，大修各种建筑工程，极尽穷奢之能事。当时，中央政治混乱，地方官员贪赃枉法，大肆搜括民财，人民苦不堪言，社会矛盾日益激化，整个隋王朝处于风雨飘摇之中。

隋炀帝杨广

隋与台湾的联系

　　自孙吴以来，台湾和大陆的关系日益密切。隋代称之为流求。大业三年（607年），炀帝派遣羽骑尉朱宽、海师何蛮出使流求；次年，朱宽再次到那里安抚当地人民；同年又派遣虎贲郎将陈稜、朝请大夫张镇州率军从义安（今广东潮州）出海到流求。当地人见到船舰，以为是商旅之船，纷纷前来贸易。此后，台湾海峡两岸间的经济、文化交流进一步加强了。

京杭大运河

大运河的开通

　　隋朝大运河的开凿始于隋文帝时代，当时引渭水从大兴城到达潼关，长达300里。隋炀帝修建的大运河工程分四段进行。公元605年，隋炀帝征发江南、淮北100多万民工在北方修通济渠，前后用了不到6年的时间，大运河的全线工程即告成。

隋炀帝征高丽

　　大业七年（611）二月，隋炀帝下诏攻高丽。为了保证粮食供给，炀帝发江淮以南民夫及船只运黎阳及洛口储仓米至涿郡，船队前后长达千余里，日夜不绝，死尸横遍道路，全国骚动。后隋炀帝又三次大举进攻高丽，耗费无数，给人民带来深重灾难。

瓦岗军开仓放粮

瓦岗军是隋末农民起义军中战斗力最强的队伍。公元617年2月，瓦岗军攻克了兴洛仓，并将贮存的大批粮食分给饥民。

台湾日月潭风光

隋朝的灭亡

　　隋的暴政使人民困苦不堪，各地起义不断，在农民起义军的冲击下，隋朝政权土崩瓦解，江都(今江苏扬州)城的东、西、北三面都被起义势力包围。农民战争的致命冲击，使统治集团的核心发生了分裂，领导侍卫部队的司马德戡和贵族宇文化及在武德元年（618年）春发动政变，缢杀了隋炀帝，隋朝灭亡。

唐

唐朝沿袭并发展了隋所创立的种种制度，成为当时世界上最强盛的帝国之一，出现了被后世美赞的"贞观之治""开元盛世"等太平盛世。这一时期文化事业蓬勃发展，对外关系也十分活跃。但后期随着"安史之乱"的爆发，唐朝渐渐走向了灭亡，天下又陷入了混乱之中。公元947年开始了五代十国的封建割据时期。这一时期由于南方相对安定，经济发展迅速，中国经济重心的南移至此彻底完成。

玄武门的重要地位

在唐代皇宫，内廷处于宫城北部，因此作为北面正门的玄武门，就有着举足轻重的地位。政变发生时，控制了玄武门便可以控制内廷，控制皇帝，进而控制中央政府乃至整个国家。

唐朝的建立

隋末，各地农民起义汹涌澎湃。公元617年，李渊集团在太原起兵。当时，瓦岗军和河北农民军正在中原奋战，牵制了大量的隋军，隋京都长安地区的防守力量很薄弱。李渊率3万人向关中进军。年底，李渊攻克长安，立隋代王杨侑为傀儡皇帝。公元618年，隋炀帝被杀，李渊废代王自立为帝，唐朝正式建立。

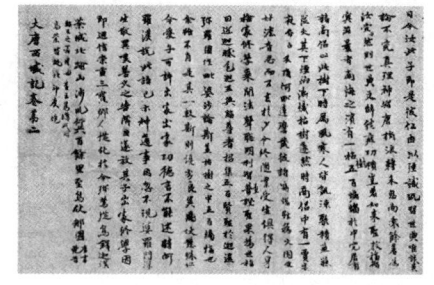

《大唐西域记》书影

唐代的长安城

玄武门之变

唐高祖李渊建立唐朝，次子李世民出力不少，但长子李建成被立为太子。李建成为了巩固自己的地位，拉拢四弟李元吉共同对付李世民。双方的矛盾愈演愈烈。公元626年，李世民先发制人，在皇宫的玄武门设下埋伏，射杀李建成和李元吉，史称"玄武门之变"。此后不久，李渊就把帝位让给了李世民。李世民就是历史上著名的唐太宗。

唐太宗网罗天下人才，开创了"贞观之治"。

贞观之治

唐太宗李世民在位期间，深刻吸取了隋朝二世而亡的教训，励精图治，开创了比较清明的政治局面。其最被称道的是：用人唯才是举，听政从谏如流。唐太宗用人不嫌出身贫寒，不计宿怨旧仇，使得贞观朝政人才济济。他采用了一系列的措施促使了唐初的社会经济与社会秩序的恢复，一时天下号称太平，史称"贞观之治"。

武周革命

贞观二十三年（690年），唐太宗死去，其子李治继位，是为唐高宗。武则天是唐高宗的皇后。唐高宗因患风眩，目不能视，便让武则天协助裁决政事。唐高宗病死后，太子李显即位，是为唐中宗，后被废。公元690年，武则天宣布改唐为周，以洛阳为神都，将唐睿宗降封为皇嗣，自立为皇帝，史称"武周革命"。武则天称帝后，不断有人起兵反抗，都被武则天镇压。到公元705年，82岁的武则天得了重病。宰相张柬之和崔玄等人联络右羽林卫大将军李多祚发动政变，强迫武则天传帝位给唐中宗李显，重新恢复了唐国号。

武则天

开元盛世

公元713年，唐玄宗即位，前期年号"开元"，这段时期玄宗励精图治，重视官员的人选，亲自考核新任命的县令，斥退不合格人员。他任用了有才干的姚崇、宋璟做宰相，形成了唐朝的全盛时期。开元期间，政治安定，经济继续发展，中国封建社会呈现出前所未有的盛世景象，历史上称为"开元盛世"。

朋党之争加速了唐朝的灭亡。

诗歌的黄金时代

唐朝诗歌创作非常繁荣，文人间以诗会友、酬赠唱和等交际十分普遍。唐朝有姓名可考的诗人达2200多人，名家辈出。诗作的题材广泛，风格多变，名作如林。唐诗以五、七言为主，但是经过南北朝对声律的讲究，发展出讲求声律、对偶、押韵的五、七言近体诗，以往的五、七言诗则被称为古体诗。著名的诗人很多，如"诗仙"李白、"诗圣"杜甫以及白居易等。

安史之乱

公元755年11月，唐三镇节度使安禄山与另一叛将史思明在范阳起兵叛唐。安禄山军渡过黄河后，同年6月，长驱直入，攻陷唐都长安。此时，坐镇洛阳的安禄山因恣行暴虐，众叛亲离，公元757年初被其子安庆绪杀死，安庆绪即帝位。公元761年，史思明也被其子史朝义所杀。公元762年，史朝义兵败自杀，安史之乱至此结束。这场战乱严重破坏了社会经济，成为唐由盛而衰的转折点。

后梁太祖 朱温

安史之乱

五代十国

唐朝灭亡之后，在中原地区相继出现了后梁、后唐、后晋、后汉、后周五个朝代；同时，和它并列存在的政权有割据于西蜀、江南、岭南和河东的十个政权，合称五代十国。 其中的十国只是约指，并非仅仅十国。

宋、辽、西夏和金

公元960年，赵匡胤黄袍加身，建立了宋朝。宋朝是中国封建社会一个承前启后的重要时期，习惯上以1127年为分界线将宋分为北宋和南宋。宋朝一向积弱，靠对外称臣、纳岁币，偏安于一隅。在当时中国境内，与两宋对峙的先后有契丹、党项、女真人建立的辽、西夏、金等政权。赵宋王朝最终被蒙古族建立的元朝所灭。

赵匡胤黄袍加身。

北宋的建立

公元959年，后周世宗柴荣病死，他7岁的儿子恭帝继位，军权掌握在宋州归德军节度使、殿前都点检赵匡胤手中。公元960年春，赵匡胤谎报北汉和辽朝会师来攻，带兵北上，到了开封东北的陈桥驿，发动兵变，"黄袍加身"，而后回师都城，夺取后周政权，定国号为宋，史称北宋。赵匡胤就是宋太祖。

宋太祖

靖康之变

宣和七年（1126年），金军分两路攻打宋，宋徽宗惶恐之下，传位给太子赵桓（即钦宗），自为太上皇，改元靖康。钦宗在抵抗金军的同时，仍准备投降。靖康元年，金军围攻开封。宋钦宗求和，金军退兵。十一月，金将完颜宗翰（粘罕）率东、西两路会合并攻开封城，开封失守，钦宗请降。靖康二年（1127年），金军俘徽宗、钦宗和宗室、后妃等数千人北去。北宋王朝灭亡。因时值靖康年间，故史称靖康之变。

王安石

王安石变法

北宋中期，宋王朝内外积弱，各种社会矛盾日渐尖锐。1069年2月，宋神宗起用王安石为参知政事，开始变法。王安石变法的主要内容有：均输法、青苗法、农田水利法、免行法、方田均税法；将兵法、保甲法、保马法、设置军器监；还改革学校与科举制度，裁并州县等。1085年，哲宗即位，起用司马光为相，新法全被废除。王安石变法，使北宋积贫积弱的局面得到了一定程度的改善。

南宋的建立

靖康二年（1127年）三月，金废宋徽、钦二帝为庶人，册立张邦昌为楚帝。金兵一退，开封军民和朝廷旧臣即不再拥戴张邦昌，同时各路"勤王"兵马纷至沓来，声讨张邦昌。张邦昌只得迎宋元佑皇后入宫，垂帘听政，并迎奉康王赵构。四月，元佑皇后派人送书至济州，劝康王即帝位。五月初一，赵构于应天府（今河南商丘）登基，改元建炎，重建了宋王朝，史称南宋。

岳飞抗金

绍兴十年（1140年）五月，金兵四路南下，南宋政府晋升岳飞太子少保，命其出师中原。岳飞在河朔民兵的配合下，收复颖昌陈州、郑州、洛阳，岳家军进抵朱仙镇(今河南开封西南)，兵锋直逼开封。中原震恐，金兵准备敛兵北逃。这时，宋高宗、秦桧阴谋与金议和，且一日连下十二道金牌，令岳飞班师。岳飞忍痛退屯鄂州，中原所复州县又失。

岳飞

耶律阿保机建辽

契丹原为北方胡服骑射之族，阿保机以良策治军，所在部落日渐昌盛，统一了契丹八部。公元907年12月，契丹王耶律阿保机自称皇帝，国号契丹，建元神册，国人称他为天皇帝(为辽太祖)。阿保机是个善于学习的人，他仿效汉制，以妻述律氏为后，备置百官，又在城南别建流城，以汉人居此。阿保机自此野心更盛，"颇有窥中国之志"。

契丹太后萧绰
萧绰是辽景宗的妻子，临朝摄政长达27年之久，是辽代一位有雄才大略的女政治家和军事家。她主张革新，辽朝在她的治理下迈入鼎盛时期。

1038年，元昊登基称帝。

西夏建立

明道元年(1032年)十月，西夏国王李德明去世，其19岁的儿子元昊在同年十一月即位。元昊虽表面上仍向宋朝、辽朝称臣纳贡，但其车马、服饰、仪卫都是按照帝王的规格设计的。宝元元年(1038年)十一月，元昊在大臣拥戴下，正式即皇帝位，国号称大夏。随即他向宋朝上表，要求正式承认其皇帝称号。至此，一个新的王朝——西夏屹立在宋朝的西方。1206年，成吉思汗于蒙古建国后，分兵六次出征西夏。1227年6月，西夏政权在蒙古人的第六次攻势下灭亡。

金太祖开国

1113年10月，女真联盟长乌雅束死，其弟阿骨打嗣位。在阿骨打的领导下，女真族历史进入一个崭新的发展阶段。辽国耶律延禧(辽天祚帝)即位后，契丹贵族对于生女真的压榨勒索愈来愈严重，且经常对女真人加以侮辱，称为"打女真"。1114年9月，完颜阿骨打起兵反辽，并于1115年1月建立金国，完颜阿骨打就是金太祖。

完颜阿骨打登基称帝。

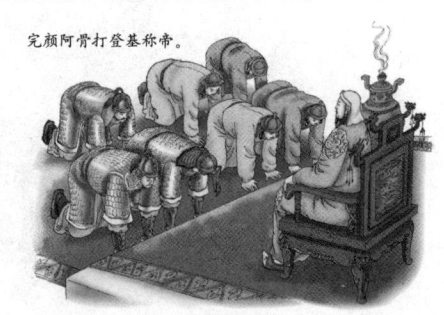

元

12世纪后半叶，蒙古族崛起于漠北，先后消灭西夏、金、南宋，统一中国，形成了横跨欧亚的大蒙古帝国。元朝采纳汉法，创设行省及发达的驿站等制度，加强了对边疆少数民族地区的管理。元朝中叶，政治腐朽，阶级、民族矛盾尖锐，最终被起义军推翻。

成吉思汗

蒙古汗国建立

12世纪至13世纪初，蒙古部落在蒙古草原上逐渐兴起。其首领铁木真于1189年称汗后，通过向周围邻近部落进行一系列战争，使本部逐渐壮大强盛，逐渐统一了蒙古。1206年，铁木真在斡难河的源头召集部落首领举行忽里勒合（选汗会议）。铁木真被推举为大汗，尊称"成吉思汗"，正式建立大蒙古国。

忽必烈称帝

1259年7月，蒙古大汗蒙哥在钓鱼山死去，正在围攻鄂州的忽必烈为了与幼弟阿里不哥争夺汗位，回师北归。1260年3月，忽必烈在开平（今内蒙古多伦西北）即汗位。4月，阿里不哥在漠北和林称汗。双方经过四年争战，忽必烈获得胜利。1271年11月，忽必烈正式建国，国号大元，他就是元世祖。

元世祖忽必烈

善于骑射的蒙古骑兵

成吉思汗西征

从1219年到1260年，成吉思汗、窝阔台和蒙哥曾先后三次大规模西征。西征军曾占领中亚、俄罗斯大部，直到孛烈儿（波兰）、马扎儿（匈牙利），并攻陷波斯、巴格达、大马士革等地。蒙古的西征使这些地区人民经历了一场浩劫，但西征在客观上促进了中西方的交流。

蒙古四大汗国

成吉思汗在西征胜利后，把所征服的土地分给他的儿子术赤、察合台、窝阔台。这些封地后来发展为钦察汗国、察合台汗国、窝阔台汗国。1258年，旭烈兀破黑衣大食，建立伊儿汗国。蒙古四大汗国正式建立。

蒙古骑兵

元统一中国

忽必烈在稳定了北方的政局以后，继续攻宋。1273年攻占襄、樊二城。1274年，又相继攻陷宋沿江之鄂、黄、蕲、江诸州。1276年正月，元军攻入临安，俘宋恭帝。1279年，元朝攻灭南宋小朝廷，南宋灭亡。元朝的统一，结束了唐后期藩镇割据以来国内几个民族政权长期并立的分裂局面，促进了我国统一的多民族国家的发展。

北京胡同

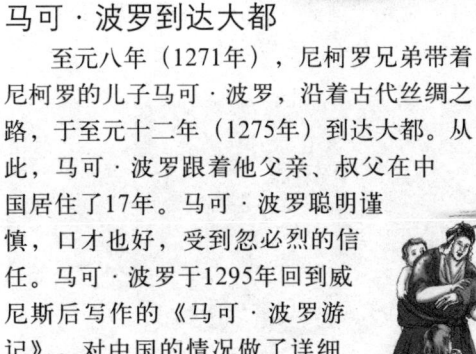

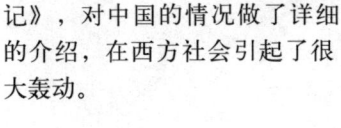

《马可·波罗游记》书影

马可·波罗

马可·波罗到达大都

至元八年（1271年），尼柯罗兄弟带着尼柯罗的儿子马可·波罗，沿着古代丝绸之路，于至元十二年（1275年）到达大都。从此，马可·波罗跟着他父亲、叔父在中国居住了17年。马可·波罗聪明谨慎，口才也好，受到忽必烈的信任。马可·波罗于1295年回到威尼斯后写作的《马可·波罗游记》，对中国的情况做了详细的介绍，在西方社会引起了很大轰动。

红巾军攻打元军。

元大都的兴建

忽必烈称帝，将燕京改为中都，并于1267年开始在中都东北部修建新都，称作大都。大都城平面呈长方形，周长28600米，全城11门。大都城街道布局规整，皆正东西南北走向，若干小巷名曰"胡同"，这种名称流传至今。元大都是我国封建社会最后一座按照整体规划平地兴建的都城，也是13～14世纪世界上最宏伟壮丽的城市之一。

元末的社会矛盾

元末接连出现水旱蝗灾，受灾地区遍及河北、河南、山东、江浙等南北各地，动辄饥民数十万。天灾人祸搞得民不聊生，民族矛盾和阶级矛盾迅速激化，终于爆发了大起义。由于起义军以红巾包头作标志，故称红巾军。起义军迅速攻占颍州和河南南部一带，人数增至数十万。元末农民起义前后17年，是一次全国性的大规模起义。这次起义推翻了元朝的统治，也有力地支援了欧、亚各国人民反对蒙古贵族统治的斗争。

马可·波罗一行从中国回到了威尼斯。

元朝的灭亡

在元末社会矛盾不断激化，起义不断的过程中，朱元璋率领的义军力量不断壮大。至正二十七年（1367年）十月，朱元璋派徐达、常遇春率军25万北伐，在发布的讨元檄文中，提出"驱逐胡虏，恢复中华"的口号；同时又表示，蒙古、色目人"愿为臣民者，与中华之人抚养无异"。1368年8月初，明军攻入大都，元朝灭亡。

明

明朝前后历经了16个皇帝，共276年。这一时期封建专制制度进一步发展。郑和的西洋之行发展了外交关系，中原与周围民族的关系也日趋融洽，促进了各民族间的经济和文化交流。后期由于宦官专权，特务横行，吏治败坏，农民起义不断，危机四伏。东北的女真族在这一时期逐渐崛起，最终乘明末农民起义之机入主中原。

明太祖朱元璋

朱元璋在鄱阳湖之战大败陈友谅军。

明朝的建立

朱元璋1352年率众投奔红巾军，参加元末农民起义。朱元璋人才出众，格外受到郭子兴的器重，成为军中的重要将领。1355年3月，郭子兴死去，朱元璋取得了这支起义军的领导权。1368年元月初四，朱元璋建立明朝，定都南京，建元"洪武"，立妃马氏为皇后，立世子朱标为皇太子，布告天下。

特务机构的初现

明洪武十五年(1382年)四月，朱元璋废除仪鸾司，改设锦衣卫，作为皇帝侍从的军事机构。锦衣卫建立前的仪鸾司不过是替皇帝掌理仪仗的普通侍卫机构，改为锦衣卫后，权力大增。通过设立特务机构、监察机构，皇帝进一步加强了对官吏和百姓的控制。

靖难之役

明成祖朱棣

靖难之役

明太祖去世后，即位的建文帝决心削藩，命北平左布政使张昺、都指挥使谢贵发兵逮捕燕王朱棣，准备废黜这个势力最大的藩王。但朱棣早有准备，诱杀张昺、谢贵，控制北平，以"清君侧"为名，兴兵反抗。燕军号称"靖难军"，"靖难之役"自此开始。建文三年(1398年)，朱棣率军南下，南京陷落，建文帝自焚于宫中。"靖难之役"历时近四年，规模也很大，给明初的社会经济造成了极大的破坏。燕王朱棣最终取得胜利，在南京称帝，改元永乐，是为明成祖。

郑和下西洋

明成祖即位后，为了宣扬国威、扩展贸易，派三保太监郑和率庞大的船队屡下西洋。自1405年到1433年，郑和前后下西洋达七次，最远曾抵达非洲东南岸。郑和的远航，促进了中外经济文化交流，增进了中国同亚、非各国的交往。郑和所到之处，均随船带去中国的丝、茶、漆、瓷等物，换回各国奇珍异宝，促进了海外贸易，也推动了中国商品经济和手工业生产的发展。

永乐十三年（1415年），明成祖朱棣下令营建北京宫殿。永乐十八年（1420年），北京宫殿正式建成。永乐十九年（1421年），明王朝正式迁都北京。

永乐迁都

北平是朱棣兴王之地，他在此经营30多年，统治比较稳定；另外北平处于北方农业区与牧区接壤处，交通便利，形势险要，是汉蒙各族贸易的中心以及北方政治与军事要地，定都于此不仅可抗击自北入侵的蒙古人，且可进一步控制东北地区，有利于维护全国统一。因此，朱棣即位后，即开始准备迁都。永乐十九年(1421年)正月，明成祖及文武百官等迁到北平，诏令改北平为北京。此后，北京即成为明清两朝的京城。迁都北京对于巩固边防、加强中央集权，都起到了重要的作用。

戚继光

倭寇之患

自明朝中期起，在日本国内混战失败的南朝封建主组织武士、浪人到中国沿海一带走私、抢劫。嘉靖时期，随着东南沿海一带商品经济的发展，官僚豪富地主下海经商的人日益增多。他们之中，有一些人如王直、徐海等，与倭寇勾结，组成海上武装劫夺集团。他们在浙江、福建、广东等沿海地区猖狂烧杀抢掠，无恶不作，给当地人民的生产生活带来了极大的破坏和威胁。1557年，明朝廷任命戚继光为浙江半岛

郑成功收复台湾。

参将，主持抗倭。戚继光在浙东先后九战九捷，基本上平定了浙东倭患，后又平定福建倭寇，取得了抗击倭寇的重大胜利。

明末农民大起义

明朝末年，爆发了轰轰烈烈的农民大起义。1644年年初，起义军领袖李自成正式宣布建国，国号大顺。同年3月，大顺军会师北京城下。19日清晨，李自成军攻破内城。崇祯亲自敲钟召集百官，竟无一人响应。崇祯见大势已去，便与太监王承恩入内苑，自缢于煤山寿皇亭树下。明朝至此宣告灭亡。明亡后，其宗室残余势力曾先后在南方建立弘光、隆武等四个政权，史称南明，后为清军各个击灭。

李自成

清

清朝是中国封建社会最后一个王朝。清初实行奖励垦荒、减免捐税等政策,社会经济得到很大发展,出现了"康乾盛世"。可是,与同一时期西方资本主义蓬勃发展的形势相比,中国越来越多地落后于世界发展的先进潮流。清中叶以后,各种社会矛盾日益暴露,反清斗争接连不断。1840年的鸦片战争和此后帝国主义的入侵,使中国逐步沦为半封建半殖民地社会,华夏民族面临着亡国灭种的危险。辛亥革命推翻了清朝统治,中国历史掀开了崭新的一页。

《皇清职贡图卷·鄂伦春人》

建州女真统一

明朝万历年间,东北的建州女真陷入混战纷争之中,各部互不相让,称王争雄,干戈四起。在这些纷乱之中,年仅25岁的努尔哈赤逐渐崛起,并致力于建州女真的统一。从万历十一年(1583年)到万历十六年(1588年),在不到6年的时间里,努尔哈赤马不停蹄,征战不止。哲陈、栋鄂、完颜、苏克素浒、浑河等环满洲而居的部落次第归服,统一于努尔哈赤旗帜之下。建州女真成为女真诸部中一股统一的稳固的势力。

创立八旗制度

明万历二十九年(1601年),努尔哈赤以300人为单位分编牛录,建黄、白、红、蓝四牛录,是为编组八旗之始。在此基础上,万历四十三年(1615年),努尔哈赤正式创建八旗制度,分为正黄、镶黄、正白、镶白、正红、镶红、正蓝、镶蓝共八旗。八旗制度把涣散的女真各部联结了起来,消除了各部间的差异,广大女真人统一在八旗之下进行生产和战事。八旗制为女真族的统一、建立政权及以后的入主中原,奠定了社会及军事基础。

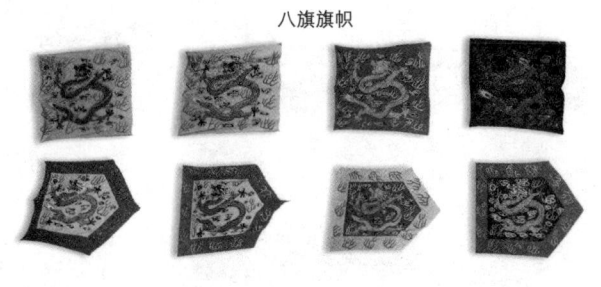

八旗旗帜

清太祖努尔哈赤

后金建国

万历四十四(1616年)正月初一,努尔哈赤正式即位称汗,定国号为大金,建元天命,史称后金。在赫图阿拉城宫殿前,文武官员齐集,按八旗分立排列,尊努尔哈赤为"奉天覆育列国英明汗"。这一天是满族有历史意义的纪念日,是满族政权正式建立的标志。从此,中国历史上诞生了一个和明朝对立并最终取代明朝的政权。

皇太极即位

明天启六年(1626年)八月十二日,努尔哈赤病死。八月十三日,后金诸部拥立皇太极继承汗位。在努尔哈赤死后的第二天,后金便选择了一个强有力的领袖来继承努尔哈赤的事业,这对后金国的稳定与发展极为有利。9月1日,皇太极率诸贝勒大臣行九拜礼告天,正式宣布即汗位,改元"天聪"。皇太极就是以后的清太宗,即汗位时35岁。

清太宗皇太极

建号大清国

皇太极继努尔哈赤之后即后金汗位,承其事业,经数年经营,军威国势日盛。当时,后金国政也渐变八和硕共议国政为皇太极一人独裁。天聪十年(1636年)四月,皇太极在沈阳宣布接受劝进,即皇帝位,改国号为大清,改年号为崇德,是为清太宗。

沈阳故宫崇政殿

清兵入关

崇祯十七年(1644年)三月,山海关外清兵由多尔衮率领进驻辽宁阜新。镇守山海关的明军统帅吴三桂为了消灭李自成农民起义军,请求多尔衮合击起义军。这样,在吴三桂的引导下,多尔衮率清军入关,一路势如破竹,直逼北京。清顺治元年(1644年)五月初二,清军进驻北京城。

山海关

康乾盛世

清朝前期历康熙、雍正、乾隆三帝的繁盛局面。康、雍、乾三代对外平定叛乱,反击侵略,最终巩固了统一的多民族国家;注意发展生产,在经济方面调整赋役制度,经常大规模地蠲免钱粮,减轻农民的赋税负担,并先后治理了黄河、永定河,在江浙修筑近150千米长的海堤,以治理水患,保护农业生产;在国家统治方面,进一步加强皇权,设军机处,根绝宦官干政,且大兴文字狱,实行文化专制,极大地强化了专制主义中央集权的统治。康熙、雍正、乾隆三帝统治的百余年间,国力强盛,国内局势相对稳定,社会经济持续发展,国家的统一得到极大的巩固,被史家誉为"康乾盛世"。

"康乾盛世"时期的繁荣景象

鸦片战争

康乾盛世之后,清朝的国力开始由强盛走向衰弱。18世纪末期,英国为改变在中英贸易中的不利地位,把鸦片大量走私到中国。清政府为维护其统治利益,派林则徐赴广东查禁鸦片。英国以"保护通商"为借口,于1840年6月进犯广东,掀起了第一次鸦片战争。清军接连失利,道光帝急派耆英、伊里布等与英国代表璞鼎查签订不平等的《南京条约》。鸦片战争以中国战败告终,从此中国开始沦为半殖民地半封建国家,进入了近代史时期。

虎门海战图

太平天国运动

鸦片战争后,社会矛盾空前激化。1851年1月11日,洪秀全率拜上帝会在广西桂平县金田村发动起义,自称天王,建号太平天国。1853年起义军定都天京(今南京),建立起与清廷对峙的农民政权。1864年,太平天国革命运动在中外反动势力的联合镇压下失败。这场起义是中国农民战争史上规模最大、历时最长、震惊中外的一次农民革命运动,席卷半个中国,历时14年。太平天国革命运动虽然失败了,但对腐败的封建统治是一个沉重的打击,具有重要的历史意义。

戊戌变法

甲午战争后,列强纷纷划分在华势力范围。一些仁人志士希望通过改革腐败的政治来寻求救亡图存的新途径。当时,康有为、梁启超等人鼓吹维新思想最为积极。他们屡次向光绪帝上书,请求变法,同时大力宣传西方先进的文化思想。光绪帝想有一番作为,接纳康有为等人的建议,于1898年下诏变法维新,史称"戊戌变法"。这次变法共历时103天,故又称"百日维新"。

康有为

辛亥革命

1911年是农历辛亥年。这年10月10日,武昌地区革命团体文学社、共进会在同盟会中部总会的帮助下,发动了武装起义,并于次日成立了以黎元洪任都督的湖北军政府。1912年1月1日,孙中山在南京就任中华民国临时大总统,宣告中华民国成立。辛亥革命是中国近代历史上一次伟大的反帝反封建资产阶级民主革命。它推翻了清朝的封建反动统治,结束了2000多年的君主专制政体,建立了资产阶级共和国。

清朝灭亡

宣统帝即位后,因其年幼,由光绪帝的皇后隆裕太后垂帘听政,并以亲王载沣摄政。武昌革命军兴起后,在帝国主义胁迫和袁世凯一再"逼宫"之下,隆裕太后不得不决定清帝退位。1911年12月25日,隆裕皇太后带着8岁的溥仪,在养心殿举行清王朝的最后一次朝仪,正式宣告退位。1912年2月12日,清廷颁发了退位诏书。这不仅标志着统治中国260余年的清王朝的覆亡,同时也宣告了中国长达2000余年的封建专制制度的终结。从此,中国历史步入了近代社会发展的新纪元。

武昌湖北军政府旧址

[第三章]

Part 3

国家与国际组织

世界不但由于自然因素分为几个大洲，还因语言、政府、文化的不同而产生政治区域的划分，即国家。目前全世界共有近200个国家，总人口60多亿。在愈来愈多的国家获得独立的同时，凝聚不同国家力量的国际组织也应运而生：有一些国际组织是全球性的；有一些国际组织则具有区域性质，它们以共同目标建立起成员国之间的松散联系；还有一些是以经济贸易协定在会员间建立起来的紧密的架构。

亚洲

亚洲全称亚细亚洲（Asia）。亚细亚原意是"太阳升起的地方"。亚洲位于地球东半球的东北部，东、北、南三面分别濒临太平洋、北冰洋和印度洋，西部通过乌拉尔山脉、乌拉尔河和高加索山脉与欧洲大陆相连。亚洲面积为4400万平方千米，约占世界陆地总面积的29.4%。亚洲是世界上最大的洲，有48个国家和地区。

两千多年前，勤劳勇敢的中国劳动人民就是靠双手和简单的工具建造起世界闻名的万里长城。

珠穆朗玛峰

中华人民共和国

中国是一个多民族的国家，有汉、蒙古、回、藏、维吾尔、壮等56个民族，其中以汉族人口最多。首都北京。中国历史悠久，是世界四大文明古国之一，在五千年漫长的历史中，创造了丰富、灿烂的文化，人文景观比比皆是，万里长城、北京故宫、敦煌莫高窟、秦始皇陵及兵马俑、苏州园林等，它们都是镶嵌在中国大地上的颗颗明珠，闪耀着人类文明的光辉。

如今，朝鲜和韩国都大量种植高丽参，使高丽参成为人人可以享用的珍品。

相扑被称作日本的"国技"，很受日本人欢迎。

日本国

日本是个岛国，领土由北海道、本州、四国、九州四个大岛和附近的一些小岛组成。首都东京。境内多山，其中还有很多火山。富士山是日本最高、最有名的火山。日本还是个地震多发国，夏天常有台风侵袭。日本是世界上最富有的国家之一，许多日本国民享有很高的生活水准。日本矿产资源贫乏，工业原料、燃料主要依赖进口，其致富的手段是向其他国家输出他们的高科技产品，如汽车、电视机、录音机、CD、音响、照相机和计算机等。

越南社会主义共和国

越南位于中南半岛东侧，背靠大陆，东临南海。陆地与中国、老挝、柬埔寨为邻。首都河内。越南是吹拂季风的温暖国家，雨量大，森林茂密，水稻、玉米和甘薯是其主要作物。

菲律宾塞萨地下河公园

菲律宾共和国

菲律宾由7000多个岛屿组成，所以又称"千岛之国"。菲律宾是世界上最大的椰子、椰干和椰油输出国，出产的桃心木闻名世界。首都大马尼拉市是其工业中心。

新加坡共和国

新加坡是个面积很小的岛国，位于马来半岛南端，并且是地球上人口密度极高的国家之一。新加坡的政治清明，行政效率高，领土面积虽小，但工业发达，社会安定，是当今世界最成功的经济体之一。

新加坡的象征性建筑——狮头鱼尾像

伊朗以手工编织的波斯地毯闻名。现在，地毯已是伊朗仅次于石油的第二大出口物品。

伊朗伊斯兰共和国

伊朗位居伊朗高原西部，是盆状高原，海洋水汽不易进入，全境有1/3的地区自古有灌溉工程，称为"卡纳兹"。农产品以小麦为主。首都德黑兰。石油是今日伊朗最大的输出品，伊朗是世界第二大石油生产国、欧佩克第二大石油输出国。

土耳其伊斯坦布尔市的苏丹艾哈迈德清真寺

印度共和国

印度位居不规则三角形的印度半岛，属热带季风气候，主要的产业是纺织以及宝石加工。印度是个文化悠久的古国，1757年起逐渐沦为英殖民地，1849年被英全部占领。1947年6月，英国公布"蒙巴顿方案"，将印度分为印度和巴基斯坦两个自治领。同年8月15日，印巴分治，印度独立，首都为新德里。

土耳其共和国

土耳其地跨亚、欧两洲，濒临地中海、爱琴海、马尔马拉海和黑海。首都是安卡拉。矿产资源丰富，主要有硼、铬、铜、铁、铝矾土及煤等。农业发展较好，粮、棉、蔬菜、水果、肉类等基本自给。工业有一定基础，轻纺、食品工业，汽车配件加工工业较发达。

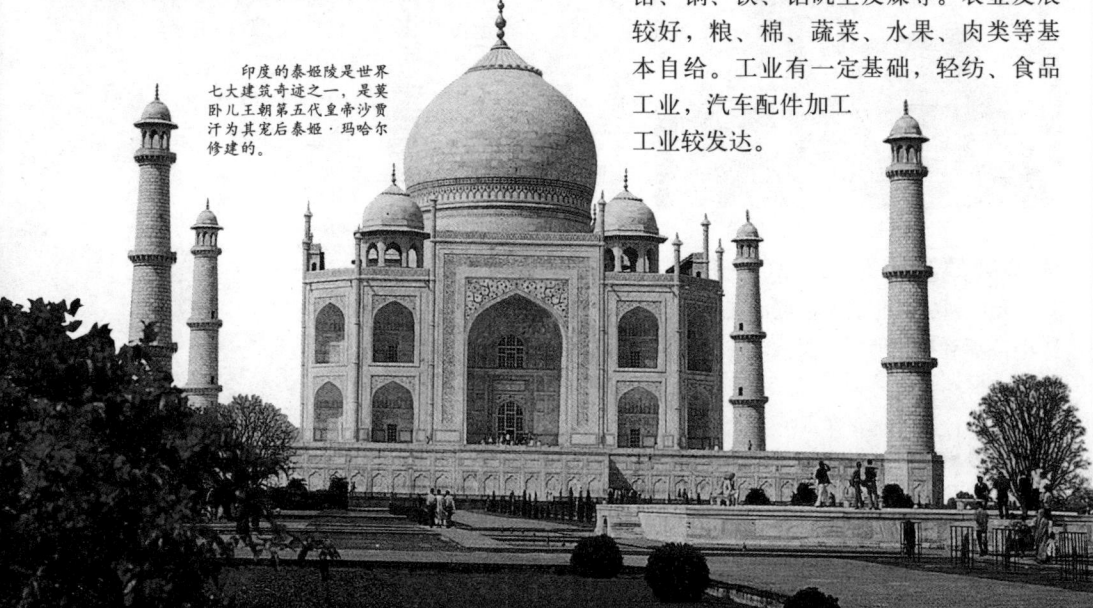

印度的泰姬陵是世界七大建筑奇迹之一，是莫卧儿王朝第五代皇帝沙贾汗为其宠后泰姬·玛哈尔修建的。

欧洲

欧洲全称欧罗巴洲（Europe），位于亚洲的西面，北临北冰洋，西临大西洋，南部隔地中海与非洲相望，东部与亚洲没有明显的分界，只是人为地把乌拉尔山脉、乌拉尔河和高加索山脉作为欧亚两洲的分界线。欧洲面积为1016万平方千米，有44个国家和地区，其中绝大多数国家属于发达国家。

红场是俄罗斯首都莫斯科最古老的广场，位于克里姆林宫东墙的一侧。

俄罗斯联邦

俄罗斯横跨欧亚大陆，东西最长9000千米，南北最宽4000千米。邻国西北面有挪威、芬兰，西面有爱沙尼亚、拉脱维亚、立陶宛、波兰、白俄罗斯，西南面是乌克兰，南面有格鲁吉亚、阿塞拜疆、哈萨克斯坦，东南面有中国、蒙古和朝鲜。海岸线长33807千米。大部分地区处于北温带，以大陆性气候为主。俄罗斯联邦现由85个联邦主体组成，包括21个共和国、8个边疆区、47个州、2个联邦直辖市、1个自治州、6个民族自治区。俄罗斯自然资源十分丰富，国土面积居世界第一位；森林覆盖面积8.67亿公顷，占国土面积51%，居世界第一位。天然气已探明蕴藏量为48万亿立方米，居世界第一位。煤蕴藏量2000亿吨，居世界第二位。铁蕴藏量居世界第一位，约占30%。水力资源为4270立方千米/年，居世界第二位。

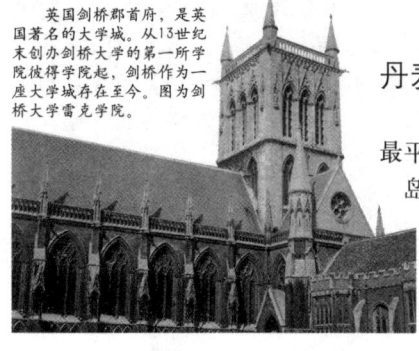

英国剑桥郡首府，是英国著名的大学城。从13世纪末创办剑桥大学的第一所学院彼得学院起，剑桥作为一座大学城存在至今。图为剑桥大学雷克学院。

丹麦王国

丹麦位于斯堪地那维亚国家的最南端，有世界最平坦的国土。本土由日德兰半岛的大部分和西兰岛、菲英岛等400多个岛屿组成。该国政治稳定，农牧业高度发达。工业为国民经济的主体。首都哥本哈根是北欧最大的城市和海陆空交通枢纽。

大不列颠及北爱尔兰联合王国

大不列颠及北爱尔兰联合王国简称英国。英国国土狭小，却对世界产生过莫大的影响。由于过去是庞大帝国的中枢，因此英语通行全球。18世纪晚期的工业革命肇始于此，然后遍及全球。时至今日，许多英国传统工业已经势微。高度都市化的社会主要以服务业为主，例如银行业与保险业等。北海丰富的石油蕴藏可以满足其大部分的能源需求。首都伦敦是世界重要的国际海、空航和金融中心，亦为文化艺术名城和旅游胜地。

埃菲尔铁塔是法国首都巴黎的标志性建筑。多年来，它一直是世界上最高的建筑物，直到1930年才被纽约的克莱斯勒大厦超过。

法兰西共和国

　　法国是欧洲西部最大的国家，包括地中海的科西嘉岛。法国在文化、时尚、美食方面的影响力遍及全球。法国不但是先进的工业国家，也是欧洲联盟的创始会员国，在国际事务上扮演了极重要的角色。最近50年，法国也是欧洲的主要农业生产出口国，主要作物有小麦、甜菜、葵花籽、蔬果、葡萄。

德意志联邦共和国

　　东德和西德经过40年的分离后于1990年统一，柏林再度成为德国的首都，政府则从波恩（以前的西德首都）搬到柏林。德国的农、林、牧用地占全德面积的80%。德国属大陆性气候，夏热冬冷。工业发展迅速的德国，其工业技术常领导全世界，归纳原因为：实事求是的科学精神、军事上的要求、工厂更新迅速。德国人上班时工作严谨努力，但节假日也注重放松休闲。德国人是全欧最喜欢"脱"的民族，境内有很多的天体营。

瑞士名城日内瓦是一座美丽的湖畔城市。

瑞士联邦

　　瑞士1815年成为中立国，从此不介入任何战争。国家由相互隔离的山区群落组成，使用的语言有好几种。尽管如此，瑞士人在许多方面非常团结，能聚集极少的天然资源创造出璀璨的经济成果。首都为伯尔尼。瑞士国际地位中立，政局稳定，是世界重要的金融中心。

奥地利首都维也纳在18世纪晚期到19世纪是欧洲精致文化的代表。当时遗留的宏伟建筑至今仍吸引众多游客。图为霍夫堡的新宫。

意大利共和国

　　意大利位于欧洲南部，轮廓似长靴。首都罗马是古罗马帝国的发源地。罗马帝国的道路和建筑遗迹，今天在意大利到处可见，其亦为文艺复兴运动的中心，产生了许多美妙的绘画、雕塑、建筑及诗歌作品，如今每年都有数百万的游客前来参观。

西班牙是世界上著名的"斗牛王国"，从13世纪开始就有了斗牛节。斗牛士穿着华丽的服装，挥动着斗篷促使斗牛向前进攻。

西班牙王国

　　西班牙位于欧洲西南部伊比利亚半岛。南隔直布罗陀海峡与非洲的摩洛哥相望，扼大西洋和地中海航路的咽喉。首都为马德里。西班牙是重要的工业国家，有大型农业特区，旅游业前景看好。工商活动集中在沿海地区，内陆较为落后。

非洲

非洲全称阿非利加洲（Africa）。阿非利加是古罗马时一位将军的名字。非洲位于地球东半球的西南部，地跨赤道南北，东临印度洋，西临大西洋，面积为3020余万平方千米，是世界第二大洲，有56个国家和地区。

尼罗河滋养下的开罗

阿拉伯埃及共和国

埃及在5000年前即建立帝国，7世纪时被阿拉伯人占领，成为阿拉伯语国家。埃及有100.145万平方千米的土地，但大部分是热带沙漠，只有宽约60千米的尼罗河河谷及开罗以下的三角洲是绿洲，绿洲面积仅占埃及的1/30，却居住了90%的人口。绿洲人口密度很高，市区交通常阻塞。尼罗河是埃及的生命之源。首都开罗是非洲空运中心及第一大城。

尼日利亚盛产油棕榈树。从油棕榈果实中可提炼出食用油、人造奶油以及制造肥皂、蜡烛和涂料的原料。

马里桑科拉清真寺

大阿拉伯利比亚人民社会主义民众国

利比亚位于非洲北部地中海南岸，是典型的沙漠国家。其中，撒哈拉沙漠约占国土面积的97%，因此有"沙漠之国""干旱之国"的别称。它东邻埃及、苏丹，南邻乍得、尼日尔，西邻阿尔及利亚、突尼斯，北与南部欧洲隔地中海遥遥相望。海岸线长1900余千米，但沿海多为平直沙岸，缺乏良好港湾。首都的黎波里是全国最大海港。

尼日利亚联邦共和国

尼日利亚位于西非尼日尔河中下游，南临几内亚湾，海岸线长约800千米。尼日利亚是非洲重要的农业国，以出口棕油、可可、花生著称。20世纪70年代后，石油取代农业成为国民经济的支柱，石油出口约占出口总值的90%以上，产量位居非洲首位。种植业约占农业总产值的2/3，棕油、棕仁的产量和出口量居世界领先地位。尼日利亚的林业和矿产资源丰富，交通和电力工业比较发达。首都阿布贾是全国经济、文化、交通中心。

坦桑尼亚联合共和国

坦桑尼亚又称"丁香之国",位于非洲东部,东濒印度洋,全国地形以高原为主。首都达累斯萨拉姆。坦桑尼亚的经济发展水平较低。农业是国民经济的主导部门,农业吸收全国劳动力的2/3,粮食基本能够自给。桑给巴尔岛和奔巴岛是世界上丁香的主要产区,占世界总产量的一半以上,居世界第一;剑麻是重要的经济作物,产量位居世界第二位;腰果生产也很突出,在非洲仅次于莫桑比克;除虫菊的生产和出口仅次于肯尼亚,居世界第二位;畜牧业有悠久的历史,牛的存栏数约1300万头,居非洲第三位。坦桑尼亚工业基础薄弱,轻纺业和采矿业是主要部门。

坦桑尼亚东北部的乞力马扎罗山为非洲第一高峰,它是由火山组成的东西延伸80千米的火山群,在不同的高度,山上会呈现出寒、温、热带迥异的自然景观。

肯尼亚共和国

肯尼亚又称"鸟兽的乐园",位于东非高原之上,东南濒印度洋,境内的肯尼亚山为非洲第二高峰。首都为内罗毕。肯尼亚是非洲经济发展较快的国家之一。农业是国民经济的支柱,农业人口占总人口的75%左右,农产品出口约占出口总值的1/2。除虫菊、咖啡、茶叶产量居世界前列。粮食产量基本能够自给。肯尼亚工业在非洲较为发达,主要工业中心有内罗毕和蒙巴萨。旅游业发展极快,肯尼亚火山、内罗毕和察沃等国家公园的野生动物吸引着国内外的大批游客。

尼罗河纵贯苏丹南北。

肯尼亚的野生动物资源非常丰富,天然动物园世界闻名。图中象群是自然保护区里极为壮观的景象。

苏丹共和国

苏丹位于非洲东北部,红海西岸,为非洲面积最大的国家。北与埃及为邻,南与刚果、乌干达、肯尼亚交界,西与利比亚、乍得、中非共和国接壤,东连埃塞俄比亚,东北濒红海。首都喀土穆。境内大部为盆地,南高北低。尼罗河南北纵贯全境。苏丹是世界上较贫困的国家之一。

津巴布韦共和国

津巴布韦为非洲东南部内陆国,自然资源丰富,有煤、铬、铁、石棉等,工农业基础较好,正常年景粮食自给有余,为世界第三大烟草出口国。农业上主要生产玉米、烟草、棉花、花卉等,畜牧业以养牛为主。首都为哈拉雷。

南非共和国

南非又称"世界矿库",位于非洲大陆南部,东、南、西三面临印度洋和大西洋。比勒陀利亚为行政首都,开普敦为立法首都,布隆方丹为司法首都。南非矿物丰富,金、铂、锑的产量和铀、锰、铬、钒的储量均居世界前列。南非是非洲经济最发达的国家,制造业和采矿业是国民经济的主要支柱,为世界最大的黄金生产国和出口国。农业发达,主要农作物有玉米、小麦、高粱、烟草、棉花等。

美洲

美洲是北美洲与南美洲的统称。北美洲全称北阿美利加洲（North America）。阿美利加是由意大利探险家阿美利哥的名字转化来的。北美洲位于地球西半球的北部，包括巴拿马运河以北的大陆和加勒比海上的西印度群岛，面积为2422.8万平方千米，是世界第三大洲，有23个国家。南美洲全称南阿美利加洲（South America）。南美洲位于地球西半球的南部，包括巴拿马运河以南的大陆，面积约1797万平方千米，有12个国家和法属圭亚那等地区。

加拿大

加拿大是世界第二大国，占北美洲面积的2/3。首都为渥太华。加拿大地处高原，气温偏低，每年冬季长达6个月以上，拥有广大的寒带森林，生产木材，品质优良，是世界主要的纸浆及新闻纸的供应国。其地下资源相当丰富，是世界上最大的石棉、镍、锌生产国。

图为加拿大电视塔，高533.3米，具有良好的接收、传播信号功能，是当今世界最高的电视塔之一，也是加拿大的娱乐中心与旅游景点。

自由女神像

美利坚合众国

美国是由50个州和1个特区所组成的。首都华盛顿是全国的政治中心。纽约为美国第一大城市。美国地处于温带，三面濒临海洋，地理位置非常优越。美国也是世界上最大的工业国。农场和工厂的工作，现在大都由机器来代劳，使许多人放弃了田园和小镇的工厂，而跑到都市从事服装业。美国人人种的根源是移民，境内有许多不同的人种。人民的勤奋工作，促进了美国在政治、科学、文学、工艺、技术各方面的进步。但美国也是个环保问题严重的国家，美国人口只占全世界4%，却非常浪费能源，其二氧化碳排放量占全世界的1/4。

墨西哥合众国

墨西哥曾经是玛雅和阿兹特克两个灿烂文明的所在地。墨西哥地形以墨西哥高原为主，处于环太平洋地震带。矿物资源丰富，主要有银、石油、天然气、铅、锌、锑、铜、汞、铁等。经济较发达，国内生产总值居拉美国家的前列。旅游业是墨西哥重要的收入来源。世界各地的游客络绎不绝前来观赏位于奇琴伊察、墨西哥城、帕连奎等地的玛雅和阿兹特克古文明遗迹。海边度假胜地的沙滩和温暖的海水也吸引不少游客。首都是墨西哥城。

位于墨西哥尤卡坦半岛东北部的奇琴伊察城素有"羽蛇城"之称，是古代中美洲玛雅文明的三大城市之一。公元15世纪，这座城市被废弃。图中为城中库库尔坎金字塔。

巴拿马共和国

巴拿马就像是两座桥：一座连接起南、北美洲两个大陆；另一座接通太平洋、大西洋两大海洋。巴拿马运河是世界唯一的联洋运河。该国有约100家的国际性大银行，也有很多国家的商业船只在巴拿马注册，是世界商船注册排名第一的国家。经济主要依赖运河和运河区有关的服务业。

巴拿马运河连接南北美洲，沟通太平洋和大西洋，被称为"世界的桥梁"。图为一艘轮船驶进运河的船闸。

古巴共和国

古巴北临佛罗里达海峡，扼墨西哥湾出口，属热带海洋性气候。首都哈瓦那。古巴热带栽培业发达，盛产甘蔗等热带作物。殖民时代欧洲人在热带气候区大规模种植热带经济作物，至今中南美国家大多依赖一两种物产（如咖啡、蔗糖、橡胶等）维持其经济发展，形成社会贫富悬殊的异常现象。

古巴首都哈瓦那位于古巴岛的西北岸，是西印度群岛中最大的城市，人口超过220万。图为哈瓦那城内的建筑。

哥伦比亚共和国

哥伦比亚坐落在丰富的咖啡产地中，是南美洲唯一滨临两洋的国家（太平洋和加勒比海）。首都为波哥大。哥伦比亚富含煤，煤探明储量为240亿吨，是南美储量最多的国家。哥伦比亚经济以农业为主，主要农产品是咖啡、香蕉。哥伦比亚咖啡的产量和出口量均仅次于巴西，占世界第二位。

圣奥古斯丁考古公园是哥伦比亚的著名文化遗产。

阿根廷共和国

阿根廷南北相距数千千米。境内北部炎热，南部寒冷，地形以平坦的大平原为主。首都布宜诺斯艾利斯。阿根廷有美丽且物产丰富的国土，但她却从富有走向贫穷。在20世纪初，阿根廷代表着"超级大富"，但因为多年来的政治不稳定，使得国家的经济每况愈下，庞大的外债和急速的通货膨胀，直到近年来才逐渐缓和。

巴西联邦共和国

巴西是南美洲最大的国家，面积将近全洲的一半。首都巴西利亚。葡萄牙人从16世纪到19世纪统治此地，并依据原产于此的巴西苏木为这片土地命名。巴西东北部是沙漠，北部及西部为雨林，南部为平缓的草原。各区气候差异大，几乎所有作物都有种植。巴西有人口稠密的现代都市，也有尚未探索开发的地区。在南部，伊泰普水坝利用巴拉那河和巴拉圭河的动力，是全世界规模较大的水力发电设计。

巴西狂欢节是巴西人热情爆发的时节。许多人都会穿着华丽的服装远道而来，街道上常被挤得水泄不通。人人载歌载舞，狂欢整整四天四夜。

大洋洲

大洋洲（Oceania）的陆地总面积897万平方千米，是世界上陆地总面积最小的一个洲。大洋洲由众多岛屿国家组成，这些岛屿国家分布在广阔的太平洋海面上。大洋洲划分为澳大利亚、新西兰、新几内亚、密克罗尼西亚、玻利尼西亚和美拉尼西亚6个区域。

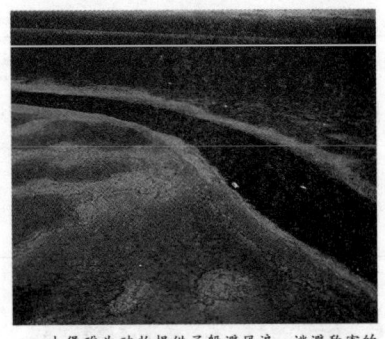

大堡礁为动物提供了躲避风浪、逃避敌害的理想场所。

澳大利亚联邦

澳大利亚位于南半球，在太平洋西南部和印度洋之间。首都堪培拉。澳大利亚地域辽阔，但人口稀少，全国绝大部分人口居住在东边狭长的海岸地带，内地大都是沙漠。著名的大堡礁分布在东部海岸。澳大利亚是世界上的养羊大国，羊头数和羊毛总产量居世界首位，被誉为"骑在羊背上的国家"。澳大利亚还是珍稀动物的天堂，袋鼠、无尾熊、鸭嘴兽等都是澳大利亚特有的动物。桉树也是澳大利亚特有的树种。

大堡礁

大堡礁位于澳大利亚昆士兰州。大堡礁生长在中新世时期，距今已有2500万年。它的面积还在不断扩大，靠的是只有几毫米长的珊瑚虫群。珊瑚虫是生活在热带海洋中的腔肠动物，身体呈圆筒形，喜欢组成一个群体，造型千姿百态。

悉尼歌剧院是澳大利亚全国表演艺术中心。外形宛如一组扬帆出海的船队，也似几枚安卧在海滩上的洁白的大贝壳，与海上景色浑然一体，颇富诗意。

新西兰

新西兰位于太平洋的西南部，国土由南岛、北岛两个大岛和许多小岛组成。首都惠灵顿。其中，北岛气候温暖湿润，南岛则有冰川、高山和森林等地理景观，气候较为凉爽。境内是地震和火山多发区，并有丰富的地热资源和众多的温泉、间歇泉。新西兰人口只有340万左右。将近3/4的新西兰人住在北岛，大多数住在都市里。新西兰的毛利人虽然只占全国人口的9%，可是他们是这块土地上最早的主人。

澳大利亚海岸雨林以温带和亚热带雨林为主。

新西兰首都惠灵顿

澳大利亚海岸雨林

澳大利亚海岸雨林位于澳大利亚新南威尔斯州和昆士兰州。这里具有十分显著的生物多样性并生存着大量的稀有生物，因而被列入世界遗产名录。从夏末到初秋，这里都可以观察到处于发情期的琴鸟，青灰色的雄鸟长着像孔雀那样长长的羽毛。

汤加里罗国家公园

汤加里罗国家公园，位于新西兰北岛中央地带。汤加里罗国家公园雨量大、激流多，泥沼中栖息着褐色、灰色的野鸭，森林里还生活着成群的黑燕鸥和品种繁多的鹦鹉等。

汤加里罗国家公园

基里巴斯共和国

基里巴斯位于太平洋中部，由33个岛屿组成，分属吉尔伯特、菲尼克斯和莱恩三大群岛。首都为塔拉瓦。该国属热带海洋气候，年平均气温27℃，年平均降水量1600毫米。受厄尔尼诺现象影响，近年来每年有10个月以上时间连续干旱少雨。

奇异果的绒毛外皮颜色浅绿带棕色，有点像几维鸟的羽毛。

奇异果

原产于中国的猕猴桃在1900年被引进新西兰，然后以当地著名的几维鸟之名改称奇异果。现在，新西兰是世界最大的奇异果生产国，外销世界各地。

萨摩亚独立国

萨摩亚位于太平洋南部、萨摩亚群岛西部，由萨瓦伊和乌波卢两个主岛及7个小岛组成，因属火山岛，故有"火山群岛"之称。首都为阿皮亚。萨摩亚属热带雨林气候，年平均气温28℃，没有四季之分，只有旱季与雨季交替，5～10月为旱季，11～4月为雨季。年平均降水量2000～3500毫米左右。

一种类似芋头的植物是萨摩亚人的主要食品之一，萨语称之为"塔木"。

瑙鲁共和国

瑙鲁别称"磷酸盐之国"，位于中太平洋、赤道以南约60千米处，为一珊瑚礁岛。全岛长6千米，宽4千米，最高点海拔61米。全岛3/5被磷酸盐所覆盖。该国属热带雨林气候，气温24℃～33℃，年平均降水量1500毫米。

汤加王国

汤加王国位于南太平洋西部、国际日期变更线西侧，是全球最早进入新一天的国家。首都为努库阿洛法。该国由汤加塔布、哈派、瓦瓦乌3个群岛组成，共172个岛屿，无河流。汤加王国属热带雨林气候，5～8月为旱季，12～4月为雨季。年平均气温南部23℃，北部27℃。年平均降水量1600～2200毫米。11月至次年3月常有飓风和暴雨。

斐济群岛共和国

斐济别称"太平洋上的甜岛""香蕉岛""太平洋上的小印度"，是西南太平洋上的岛国，国际日期变更线贯穿其中。首都苏瓦。斐济地处美拉尼西亚群岛与波利尼西亚群岛交接地带，是北美到澳大利亚、新西兰的海、空交通要冲，被称为"南太平洋的十字路口"。斐济由332个岛屿组成，其中106个有人居住，且多为珊瑚礁环绕的火山岛，主要有维提岛和瓦鲁阿岛等。该国属热带海洋性气候，常受飓风袭击。年平均气温22℃～30℃。

甘蔗种植和制糖是斐济最重要的经济部门，所以被称为太平洋的"甜岛"。斐济自然风光绚丽，交通方便，是世界著名的旅游胜地。

国际组织

国际组织是为了适应国家的交往日益频繁、交往的领域和地区不断扩大而产生和发展起来的。19世纪最早出现了欧洲的诸如莱茵河、易北河等国际河流委员会。后来，随着时间的发展，出现了全球性的国际组织，如联合国，也有地区性的组织，如阿拉伯国家联盟；还出现了各种不同国家的民间团体或个人组成的非政府的国际机构。

联合国大厦

欧洲联盟

1965年，法、德、意、荷、比、卢六国决定把建立于20世纪50年代的欧洲煤钢联营、欧洲经济共同体和欧洲原子能共同体合并，统称欧洲共同体，宗旨是建立关税联盟和欧洲货币体系。20世纪70年代末以来，该组织加强了政治联盟的建设。根据《马斯特里赫特条约》，该组织于1993年11月1日发展成为欧洲联盟，由一个经济实体向经济、政治、防务实体的方向发展。截止到2007年1月，已有27个成员国，总部设在比利时布鲁塞尔。

联合国

联合国是全球性国际政治组织，成立于1945年10月24日。其宗旨是维护国际和平与安全，在解决国际经济、社会、文化和人道主义等问题上进行国际合作。总部设在美国纽约市。目前，联合国的主要机构有7个，分别是联合国大会、安全理事会、经济及社会理事会、托管理事会、人权理事会、国际法院及秘书处。另外，还有一些其他国际性组织。

1998年5月，欧盟15国确定首批实施欧元的11个国家，确定欧元与欧元国家货币的兑换比率。图为欧元样板。

1993年11月，第一次亚太经合组织首脑非正式会议在美国西雅图举行。图为领导合影。

亚太经济合作组织

亚太经济合作组织指的是亚太地区的政府间区域经济合作组织。1989年11月，澳、美、日、韩、新西兰、加拿大以及东盟六国在堪培拉举行了亚太经济合作会议首届部长级会议。1998年6月改称现名，简称"APEC"。其宗旨和目标为：相互依存、共同利益、坚持开放性多边贸易体制和减少区域内贸易壁垒。现有21个成员，秘书处设在新加坡。

[第四章] Part 4

交通、产业及工程

人类的物质文明离不开交通、产业、工程等的发展。自18世纪末期蒸汽发动机发明以来，交通工具的不断进步已经使得世界变得越来越小。这些运载工具变得更快，费用更低廉并且效率更高。今天，像高速列车和飞机这样的运载工具已使人们在过去要花数天或数星期旅行的路程只需几小时就可以完成。同样，产业与工程更是以日新月异的增长速度为人们提供着更多的帮助。

自行车

自行车最早出现于欧洲，是靠人力运转的交通工具。自行车不但车身轻巧、使用方便，而且无须使用燃料，不会排放废气、污染环境。世界上每天有数以亿计的人骑自行车。从某种意义说，自行车已成为全世界人们使用最多、最简单、最实用的交通工具。自行车类型繁多，从没有变速挡的简单型到备有多变速挡的山地车和赛车等不一而足。

自行车的历史

自行车是18世纪末期欧洲人发明的。最早的自行车构造简单，功能单一。1839年，苏格兰的铁匠柯克帕特里克·麦克米兰制作出第一辆踏板动力自行车。1861年，在巴黎，皮埃尔·麦克豪克斯制作了一辆用踏板转动前轮的自行车，这是第一辆流行自行车。现代自行车是1885年由英国人约翰·斯塔雷设计的，带有钻石形车架和链条驱动的后轮。

麦克米兰的踏板自行车　麦克豪克斯的流行自行车　斯塔雷的现代自行车

自行车的构造

自行车一般由前轮、后轮、车把、前后闸以及链条等部位构成。

车把　车轮　反射灯夜晚会反射灯光，提醒后车注意。　后载架　车座　置物筐　刹车　框架　前支架　刹车片　挡泥板　盖链板　脚踏板　支架　车轮

自行车运动

自行车运动指使用自行车的运动项目，又称自行车竞赛。在运动场内进行的是赛车场赛，在一般道路上进行的是公路赛。此外，还有以特技取胜的自由式竞赛等多种。

公路赛　一般道路的竞赛。规模较大的比赛可有数千人参加。

自由式竞赛　以特技决胜负，使用的是自由式专用自行车。

赛车场赛　在自行车竞赛专用的坡面场地上进行。

自行车类型

自行车是人们常见的交通工具。它的类型、样式多种多样。

赛车　赛车是一种快速、轻便和多挡变速的车型，具有下垂式的车把。

越野车　越野车是为崎岖地势设计的车型，它还常用于特技和杂耍。

山地车　这是一种为非路面行驶而设计的车型。其特点是轮胎厚、车架轻、可在很大的范围内变速。

协力车　协力自行车是两人共骑的车型，座位、把手、脚踏板和两个轮子。

摩托车

摩托车发明至今已有100多年的历史了。早期摩托车的发展主要是依赖于自行车技术的发展并逐渐在世界上风靡起来，发展到应用于军事装备和体育竞技，继而发展成为一种重要的交通工具。

戴姆勒发明的第一辆摩托车

前叉　车架　油箱　座垫

发动机和变速器在盖子下面。　方向灯
前轮　后轮
摩托车的结构

摩托车的结构

摩托车是在自行车的基础上发展起来的。摩托车的前轮由内置伸缩式螺旋弹簧和液压减振器来悬挂，后轮则通过同心安装的螺旋弹簧和液压减振器悬挂于"U"形架上。车架都用钢管制作，用角板加强。此外，它还有发动机、变速器、离合器等复杂装置。这些装置保证了摩托车高速行驶的性能。

第一辆摩托车

1885年，德国人高特利布·戴姆勒发明了世界上第一辆摩托车，最高时速可达12千米。1885年8月9日，戴姆勒取得了这辆橡木车架、木制车轮的摩托车的德国专利，因而又被称为"汽摩"的鼻祖。

形形色色的摩托车

现代的摩托车有各种型号，它们的用途也各不相同。普通型的摩托车主要用作交通工具，它的性能和速度都比较适中。越野摩托车的车身很轻，但功率和速度都很高，可用于体育竞赛。交警驾驶的摩托车速度快，可以在车辆中穿行，应付突发交通事件。

边三轮摩托车

雅马哈摩托车

雅马哈公司创建于19世纪末，已有百余年的发动机生产历史。它以生产不同风格的摩托车而享誉世界。雅马哈摩托车具有性能稳定，动力性好，质量可靠的特点，不论在道路或是赛道比赛中，均处于领先位置。

雅马哈摩托车

生态摩托车

宝马摩托车

宝马摩托车

德国宝马摩托车是世界闻名的摩托车品牌，被称为"世界摩托车的泰斗"。因品质优良和性能卓越，其被全球近80个国家用于警务及国宾队护卫座驾。

汽车

大约5000年前,人们就发明了轮子,但汽车的发明只有100年的时间。在1908年,美国福特T型车首次进行大批量生产,使得汽车作为普通百姓的交通工具成为可能。到2000年,汽车的年生产量已经高达3500万辆。在短短的100年里,汽车已经演变成高科技的交通工具,大大地改变了我们的生活及活动方式。

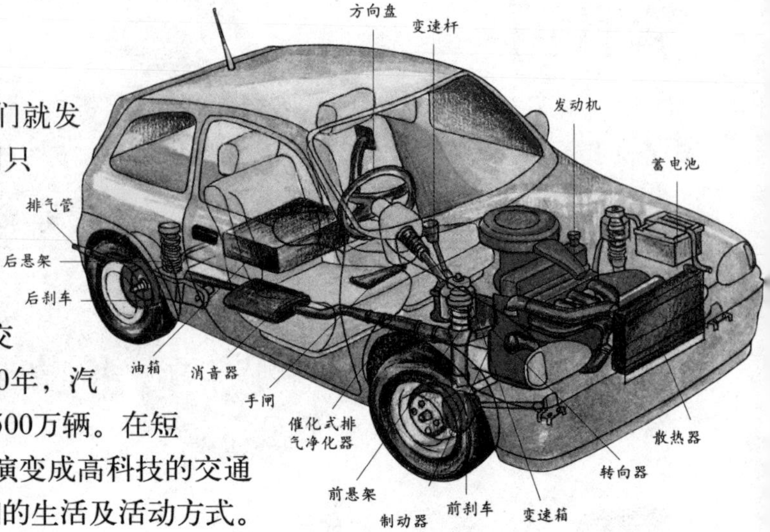

世界主要汽车厂商商标

汽车商标是汽车品牌的点睛之笔。汽车商标一般美观大方,简洁而不失雅致。许多中外驰名的汽车商标都大有来历。比如,奥迪汽车公司的商标是4个相连的环,表明该公司原是由4家公司合并而成;而阿尔法·罗密欧公司的标志是米兰市的市徽,也是中世纪米兰的领主维斯康泰公爵的家徽。

奔驰　宝马　福特　大众
奥迪　雪铁龙　凯迪拉克　本田

汽车的组成部分

所有的汽车都有发动机、排挡、制动器和方向盘。发动机用来驱动汽车;排挡用来调节汽车行驶的速度,使汽车减速、加速或倒退行驶;制动器用来减速或停车;方向盘则用来改变汽车行驶方向。

汽车的类型

汽车的形状、大小不一,如家用轿车可坐五人,而跑车式的敞篷车只能坐两人。有适合在城市道路上行驶的微型汽车,也有适合在崎岖山路上奔跑的越野车。

越野车

越野车是为在崎岖的路面行驶而设计的,通常是四轮驱动的。

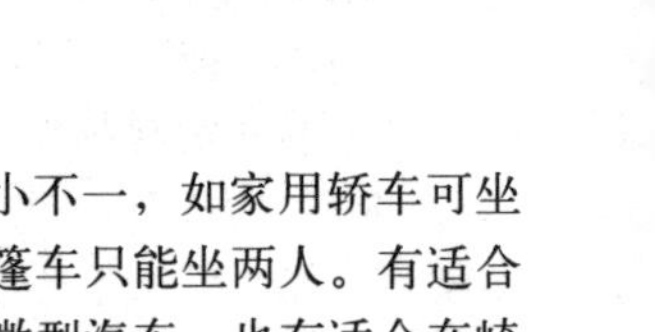

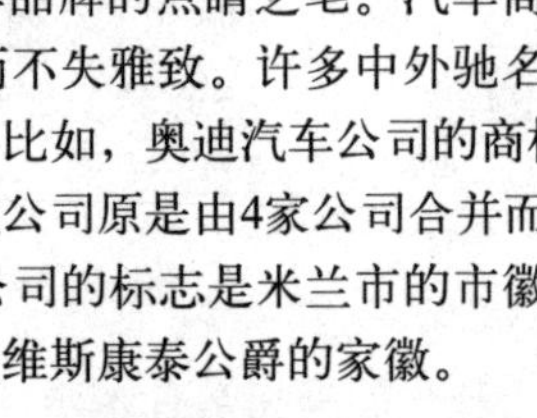

豪华式轿车

这种轿车力求舒适和豪华,有的还装有电视和鸡尾酒柜。

敞篷跑车

敞篷跑车具有优越的性能和良好的路面适应性,大多数为双座式。

赛车

赛车是为在赛车道上竞赛而设计的,具有多种类型。

火车

早期机车皆以蒸汽机为牵引动力，机车上用煤作燃料，火光炽烈，所以称之为"火车"，并且称机车为火车头，铁路车站为火车站。火车由机车及其牵引的车厢构成。火车机车可以靠电、柴油或蒸汽来发动，大多运行在固定于地面的铁轨上。目前，铁路运输仍是最为高效的陆上运输方式。

英国建造的最成功的内燃机车"德尔蒂克号"，是20世纪50年代世界上功率最大的柴油发电机车。

蒸汽机车

1784年，英国发明家瓦特造出了可以驱动铁路机车的蒸汽机，开创了蒸汽时代的新纪元。19世纪及20世纪上半叶，蒸汽机车一直是大规模运送旅客和货物的最主要方式。它们逐渐演变成流线型机车，速度也更快。但是，它们也变得更加沉重。后来，随着科技的发展，20世纪50年代，蒸汽机车开始走下坡路。

内燃机车

推动车辆的动力发生装置——内燃引擎的发明，对于其后的火车发展做出了极大的贡献。内燃机车的各工作部分统一装在巨大的钢制外壳之中，通过机车内的内燃机产生电能，发动特置的马达带动车轮运行。内燃机车的外观不像蒸汽机车那样千变万化，各地的内燃机车看起来都差不多。然而，它们比蒸汽机车洁净，而且节能，故障发生率低，牵引力更大。

自1879年第一辆铁路专用电力火车建造出来之后，电力火车已渐渐取代内燃和蒸汽机车而被广泛应用。

电力机车

19世纪末至20世纪初，为消除火车黑烟对环境的污染，人们开始大力推广电力机车。电力机车用顶端的导电弓从车顶上方的电缆，或者从特殊的第三条铁轨获得电流。机车内部或车身底下的电动马达带动驱动轮行驶。电力机车功率大，加速快，而且使用的电是一种洁净的能源。

磁悬浮列车车速很快，而且乘坐起来比较舒适。

磁悬浮列车

随着科学技术的不断发展，一种使用新能源的列车——磁悬浮列车终于诞生了。磁悬浮列车借助强大的磁力悬浮于轨道之上几毫米处，从而减少列车与轨道之间的摩擦，加快行使速度。这种列车具有速度快、平稳舒适、耗电量小、外形美观、造价低廉等特点。据日本和德国的专家预测，磁悬浮列车的最高时速可达到700千米。

船舶

船是出现较早、种类最多的一种交通工具。从造型上看，大到巨型油轮，小到一叶扁舟，真可谓形形色色。从船舶的发展来看，原始社会的独木舟（把一根圆木中间挖空）是最早的船。随后，出现了有桨和帆的船。后来，随着科技的发展，又出现了用蒸汽或柴油发动机作动力的船。今天，人们用太阳能和喷气式发动机作为船的动力，船舶的航速更是达到了令人惊讶的程度。

快速型帆船

五桅帆船

帆船

帆船就是以简单的帆，利用风力推进的船。大约在公元前2900年左右，埃及人已经开始使用帆船。但在最早时，人们只知顺风使用，利用风力来帮助划船。

后来，人们懂得了风力如何作用于帆，扬帆行驶的方法也大大改良。从此，一直到一个世纪以前，帆船一直广泛使用于海洋和江河。

汽船

汽船就是用蒸汽机作为动力的船。汽船能以常规的速度，在任何时候，沿着任何一条航道航行。从而改变了自古以来，船只只能沿着风力或桨力所允许的航道前进的事实。1807年，美国人富尔顿制造出了世界上第一艘蒸汽轮船。早期的汽船装有明轮。19世纪40年代，出现了螺旋桨。而帆则一直用到19世纪60年代，当发动机变得更可靠时才基本结束使命。

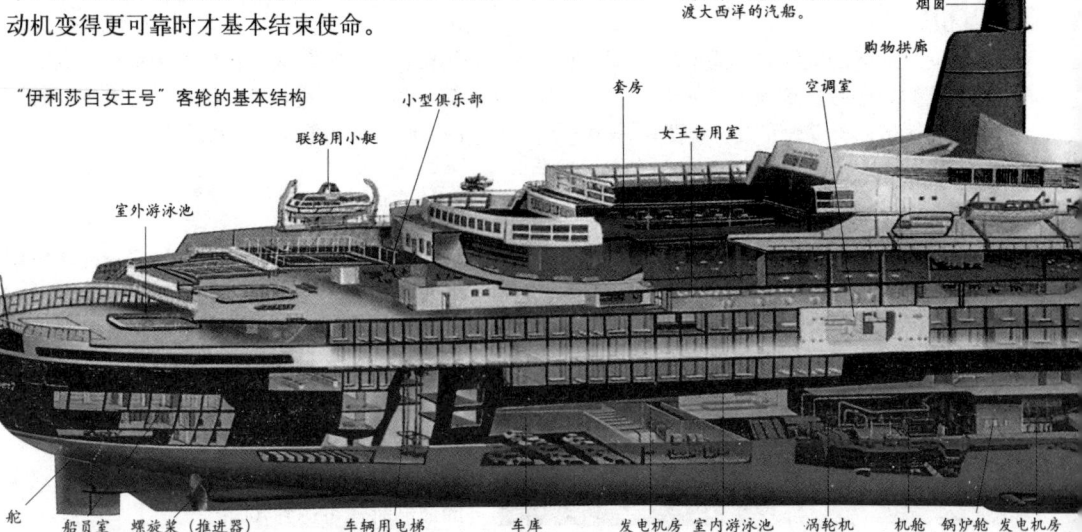

1838年，"西里斯号"成为第一艘靠蒸汽机动力横渡大西洋的汽船。

"伊利莎白女王号"客轮的基本结构

联络用小艇　小型俱乐部　套房　女王专用室　空调室　购物拱廊　烟囱

室外游泳池

舵　船员室　螺旋桨(推进器)　车辆用电梯　车库　发电机房　室内游泳池　涡轮机　机舱　锅炉舱　发电机房

货轮

运送货物的轮船叫货轮。每年，各种各样的货轮在世界各大海洋运送成千上万吨货物。货轮把大量货物装在货柜里，然后像堆砌积木似的堆叠在一起。货轮速度虽慢，但运送的货物要比其他任何一种运输工具都要多得多，而且费用低廉，并能航行于世界各地。货轮很少有上层构造（主甲板上面的部分）。船上有一座带烟囱的领航船桥，船桥下有发动机和住舱区，船的其余部分可容纳尽可能多的货物。

货轮

客轮

1838年，汽船开始横渡大西洋运送乘客与邮件。到了19世纪90年代，豪华客轮建造出来运送乘客。一艘现代化的客轮就像一个海上旅馆。船上不仅配备了舒适的生活设施，而且还有游泳池、歌舞厅、电影院等场所，甚至还有小小的网球场，以满足富裕的上等游客的需要。水下，一排密封舱壁横穿船底，把它分成互相隔离的一间间小室。这样，即使一部分船身受损，船也能浮动，不会下沉。

豪华客轮的内部陈设

气垫船

船只在水上航行的速度一般都不快，因为水本身的阻力使船速减慢。但气垫船只是在水面掠过，所以它们可以高速行驶。气垫船可以水陆两用，特别适合在海峡、冰川、沼泽、沙洲等地运送货物。因为它有如此大的本领，所以价格特别昂贵。

气垫船

游艇

几百年来，人们一直在划艇取乐。但直到第二次世界大战后，这一娱乐方式才得到普及。用三夹板、玻璃纤维及铝制成的船身要比用厚木板制成的船身牢固得多，轻得多，而费用则更低。同时，制帆技术和船内外发动机的效能也得到了改进。所有这些都为游艇娱乐的普及创造了条件。

儿童游乐室　世界桌餐厅　女王小餐厅　专用室　船长室　　　　　　　　　　锚链
戏院　救生艇

医院　印刷室　健身房　食品储藏室　烹调室　船员餐厅　横向推进器　锚

飞行器

自古以来,人们就梦想能像鸟儿一样翱翔蓝天。人们早期较成功的飞天实验工具有滑翔机、热气球等,可当时无法控制它的飞行方向,只能随风飘荡。20世纪初,美国莱特兄弟发现了可操纵动力飞行的秘密,制造出了世界上第一架可驾驶与操纵的飞机。从此,揭开了空中交通业发展的崭新篇章。

莱特兄弟的飞行实验共进行了4次,第4次在59秒的时间内飞行了260米。

飞机的结构

我们以客机为例说明飞机的结构。这架客机由喷气式发动机发动。机长操纵控制器,倾斜机翼可使飞机旋转而行。垂直尾翼中的方向舵可使机头向右或向左转弯,水平尾翼中的升降舵可控制机头向上或向下倾斜。襟翼则在飞机的起降中起辅助作用。

单翼、双翼与三翼飞机

单翼飞机在机身两侧各有一个机翼,其主要缺点是强度较差,所以必须用一些高强度的张线把机翼拉紧在机身上下的塔柱上。直到20世纪30年代,双翼机一直占压倒性优势。双翼之间加了支柱使其比早期的单翼机强度高。有不少飞机设计师也开发过三翼机。在相同的升力下,机翼更多就意味着翼展可以较短,而较短的翼展可以具有较好的机动性能。

莱特"飞行者"

1903年12月17日,美国的威尔伯·莱特和奥维尔·莱特兄弟俩设计制造的"飞行者"号飞机在美国北卡罗来纳州的基蒂霍克试飞成功。这是世界上公认的第一架飞上天空的可操纵载人动力飞机,为世界航空史留下了光辉的一页。

客机的结构

客机

20世纪30年代之前,大多数客机都是双翼机,并且为木质骨架,这样的飞机只能做低速低空飞行。当时,只有有钱人才乘坐得起飞机。60年代后,喷气式飞机的飞行速度和高度都得到大幅度提高。乘坐飞机不再是有钱人的专利,一般的度假者也有能力乘坐了。后来出现的超音速客机是人类对自身的成功挑战,它的飞行速度大大超过音速,只是这种客机并未广泛应用。

现代喷气式客机

现代喷气客机

现代喷气客机使普通人能在世界各地旅行,而这在过去只有富人才负担得起。与20世纪40年代出现的第一批喷气客机相比,现代喷气客机噪音更低,燃料的燃烧效率更高,并且对空气污染更少。这些进步主要应归功于用涡轮风扇发动机代替了涡轮喷气发动机。涡轮风扇发动机在低速时的较大推力,使得现代喷气客机比涡轮喷气式飞机能携带更多的燃料和旅客。

超音速喷气客机

超音速飞机的飞行速度大于音速。超音速军用飞机很多，但是只有两种超音速客机（超音速运输机）投入了生产，即前苏联的图-144和英法联合生产的协和号。图-144的最大飞行速度大于协和号，但在投入航线飞行仅7个月之后就退出了运营。

英法合作生产的"协和号"超音速喷气客机

轻型飞机

轻型飞机体积小，构造相对简单，很适于休闲和商业旅行。尽管一些轻型飞机装有喷气发动机，但通常情况下都使用活塞发动机驱动推进器。大型高速飞机装有起落架，可在起飞后将轮子收起。轻型飞机为减轻重量和节约费用，装备的是固定脚架。随着新型合成材料的开发，轻型飞机将变得更坚固，更轻巧，并且可以飞得更远。

轻型飞机

直升机在民用及科研、军事上用途广泛。

直升机

直升机用旋翼产生升力、推进力来操纵。第一架用旋翼达到悬停、控制飞行的机械是在20世纪20年代由斯潘尼德·琼德拉西尔伐制造的旋翼机。以后，在1939年，一位在前苏联出生的美国人伊戈尔·塞科斯基制造了他的VS-300，这是现代直升机的先驱。它由发动机驱动旋翼而产生升力、推进操纵。它可以垂直起飞、盘旋，并可向任意方向飞行，还有一具尾桨以防止机身旋转。燃气涡轮喷气发动机于1955年引入直升机之后，人类生产出了噪音更低、更为安全和更大型的直升机。

气囊

开伞索

燃气喷嘴

热气球的基本构造

热气球

有记录的首次热气球载人飞行完成于1783年，热气球的设计者为蒙戈尔费埃兄弟。今天，热气球多半被用于娱乐或被气象学者用来收集气象信息。20世纪初，配有动力装置的热气球被人们称为飞艇，作为当时的空中交通工具之一，它一度可与飞机相匹敌。但在今日，飞艇更多的是用作空中电视摄像的活动平台或广告载体。

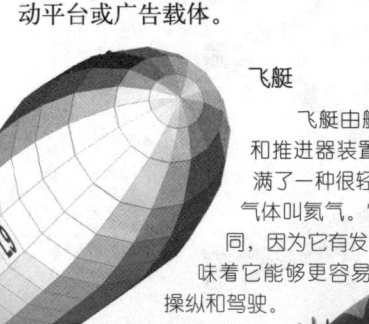

热气球比赛在许多国家流行。

飞艇

飞艇由艇体、吊舱、尾面和推进器装置组成。艇体中充满了一种很轻的气体，这种气体叫氦气。它与热气球不同，因为它有发动机。这就意味着它能够更容易操纵和驾驶。

飞艇主要用于广告宣传或从高空拍摄照片。

飞艇

道路

路是人们经过长时间慢慢地走出来的。原来细窄的小路，为了能让更多的人、更多的车辆通行，人们将它拓宽，用石头或水泥重新铺设，渐渐地形成今日整齐、美观的道路。现代道路的含义还包括有关道路的标志和道路上的基础设施，以及形成的交通网络。

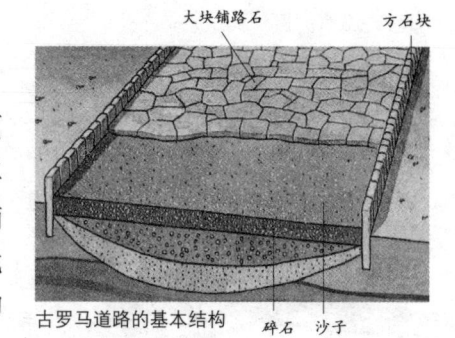

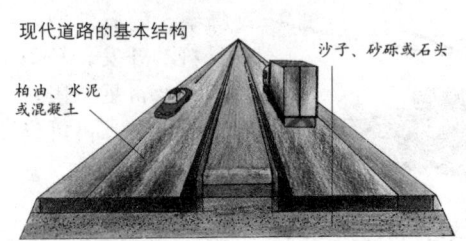

古罗马道路的基本结构（大块铺路石、方石块、碎石、沙子）

现代道路的基本结构（柏油、水泥或混凝土；沙子、砂砾或石头）

古代道路

最早的道路是人们长期走路践踏出来的，然后开始有了人为开凿的山路、铺筑的土路等。公路的出现要晚于马的驯养和车轮的发明。历史上第一批人工铺筑的道路是于公元前2200年左右在美索不达米亚修建的。1910年欧美开始修建专供汽车行驶的公路。

现代道路

现代化的环城公路和高速公路始建于1930年。土地经过平整后即可开始铺设供车辆行驶的路面。首先，在泥土路面上铺一层沙土、卵石，或铺一层碎石，有时还覆盖一层水泥；然后，在水泥层上面铺上一层热柏油。为了适应各地不同的气候和交通繁忙程度，现在使用的柏油可说是多种多样，有的柏油甚至可以吸收车辆产生的噪音。

交通疏导

随着越来越多的汽车涌入世界各地的公路交通网，车辆行驶时间大大增长了。由于对环境的不利影响，通过修建更多的公路来缓解交通压力的旧方法已不再适用，可行方案是建立更为灵敏的交通控制和疏导系统。有效的疏导系统将缩短行车的时间，减少燃料的消耗，降低污染，并使行车变得更为安全。

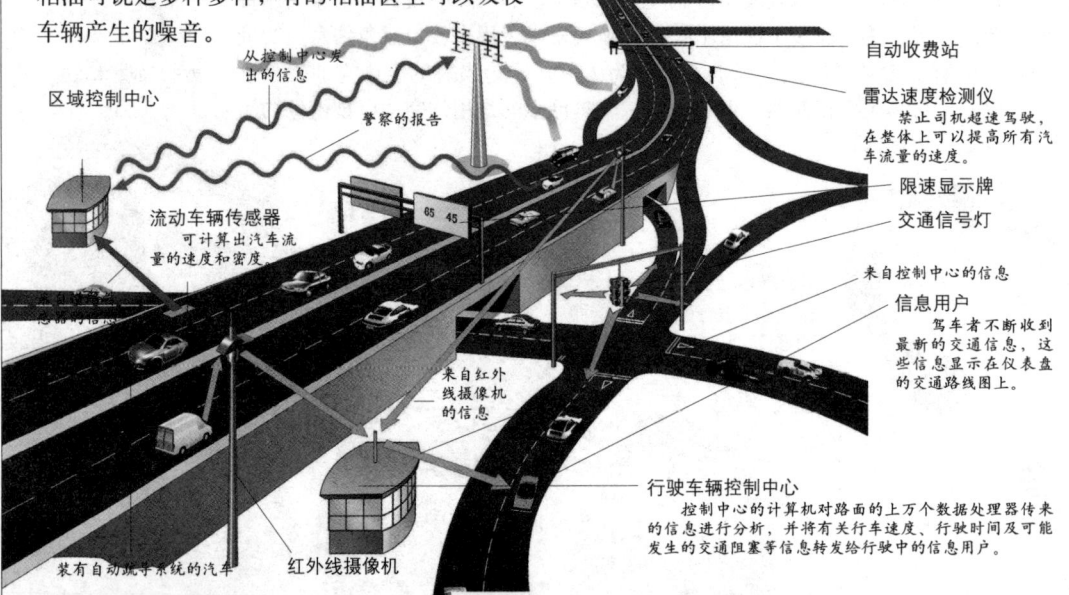

区域控制中心
从控制中心发出的信息
警察的报告
流动车辆传感器
可计算出汽车流量的速度和密度
自动收费站
雷达速度检测仪
禁止司机超速驾驶，在整体上可以提高所有汽车流量的速度。
限速显示牌
交通信号灯
来自控制中心的信息
信息用户
驾车者不断收到最新的交通信息，这些信息显示在仪表盘的交通路线图上。
来自红外线摄像机的信息
行驶车辆控制中心
控制中心的计算机对路面的上万个数据处理器传来的信息进行分析，并将有关行车速度、行驶时间及可能发生的交通阻塞等信息转发给行驶中的信息用户。
装有自动疏导系统的汽车
红外线摄像机

道路上的各种设施

为了使交通更加顺畅，道路上设置了各种交通信号和道路标志，以及利用护栏和分隔岛来保障行人与车辆的安全。

人行过街天桥

人行过街天桥
为了确保行人安全及行车顺畅，常在重要路口搭建横跨道路的人行过街天桥。

护栏

护栏
护栏设立在人行道与车道之间，以防止车辆驶入人行道，保证行人的安全。

信号灯

信号灯
信号灯设置于各个路口，用光的颜色和闪烁传达信号，管理交通工具和行人的动向。

交通标志

交通标志是按照国家统一标准制成的，体现行人和车辆安全通行的规则。交通标志管理道路交通，确保交通安全。

注意危险

停车让行

警告标志
警告标志是警告行人、车辆注意危险地点、路段的标志。交通繁忙地段是标志的集中地。

禁令标志
禁令标志是禁止或限制行人、车辆交通行为的标志。

公路网

在现代化的大都市，交通线路纵横交错，四通八达，把人群和单位、公司与住宅、城市和村镇连接起来，好像蜘蛛网一样密密层层，人们形象的将其称为公路网。在公路网中，不同类型的道路有不同的功能，不同的国家和地区也有不同的交通规则。

公路网四通八达，给人们的出行带来极大方便。

停车场

环岛行驶

指路标志
指路标志是指明道路的方向、地点、距离的标志。

指示标志
指示标志是指示行人、车辆行进的标志。

产业

产业是生产物质产品的集合体，包括农业、工业、交通运输业等部门，一般不包括商业。产业有时泛指一切生产物质产品和提供劳务活动的集合体，包括农业、工业、交通运输业、邮电通讯业、商业、饮食服务业、文教卫生业等部门。

采矿业

产业的分类

产业按不同的分类标准、方法，有不同的划分结果。一般都分为三种基本类型：基础产业、第二产业和第三产业。

基础产业

基础产业主要从事原料的生产和加工，如农业、林业、渔业和采矿业。

第二产业

第二产业将原料转变为其他产品，它还可进一步划分为重工业和轻工业。前者如造船业，后者如纺织业和服装业。

纺织业

第三产业

第三产业提供产品形式的服务，例如银行业和旅游业。今天，这种类型的产业方兴未艾。

食品加工业

食品加工业对许多食品进行加工，使其食用安全，美观可口，而且能在较长的期限内保鲜。

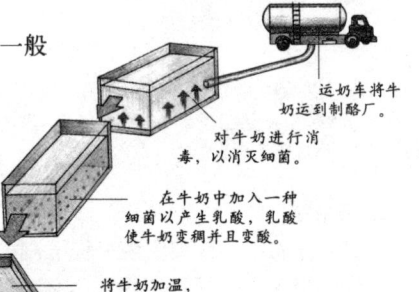

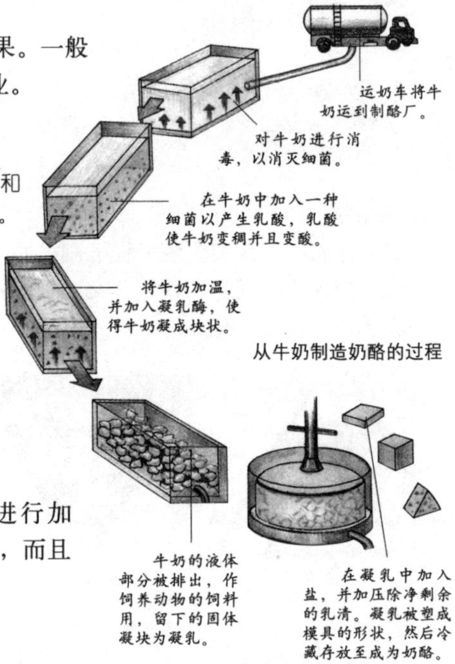

从牛奶制造奶酪的过程

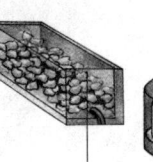

运奶车将牛奶运到制酪厂。
对牛奶进行消毒，以消灭细菌。
在牛奶中加入一种细菌以产生乳酸，乳酸使牛奶变稠并且变酸。
将牛奶加温，并加入凝乳酶，使得牛奶凝成块状。
牛奶的液体部分被排出，作饲养动物的饲料用，留下的固体凝块为凝乳。
在凝乳中加入盐，并加压除净剩余的乳清。凝乳被塑成模具的形状，然后冷藏存放至成为奶酪。

造纸工业

纸主要用于制造书和文具、盛液体的蜡纸壳以及汽车引擎的滤纸。现代纸张都是用针叶树，如松树、云杉和冷杉制造的。木头的纤维里含有一种被称为植物纤维的强力物质，从而使纸张很结实，即使压、卷或扯也不容易散落。在现代造纸机里，木片先是被放入大罐里用强碱或其他化学品煮开，释放出强力植物纤维，滤掉水分留下纸浆。再将纸浆均匀地铺在运输带上，用两个热滚筒挤掉水分，然后造出纸。

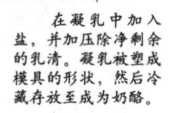

造纸流程示意图

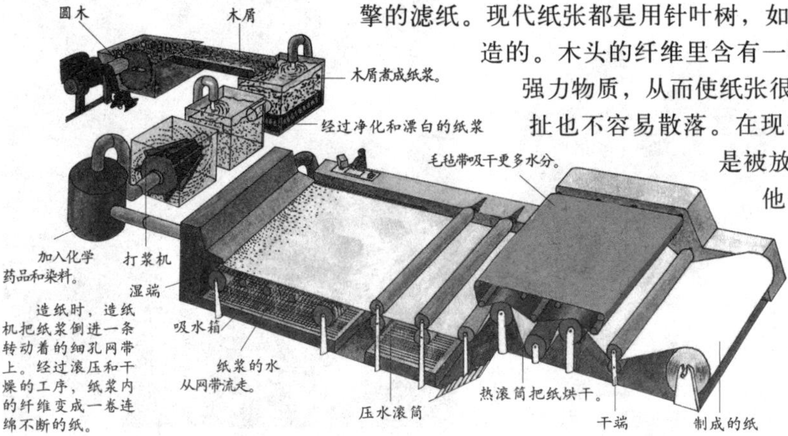

圆木　木屑　木屑煮成纸浆　经过净化和漂白的纸浆　毛毡带吸干更多水分。　加入化学药品和染料。　打浆机　湿端　吸水箱　纸浆的水从网带流走　压水滚筒　热滚筒把纸烘干　干端　制成的纸

造纸时，造纸机把纸浆倒进一条转动着的细孔网带上。经过滚压和干燥的工序，纸浆内的纤维变成一卷连绵不断的纸。

交通、产业及工程 | 87

石油生产

在过去150年间，石油需求有了大幅度增长。现在，它已经是世界上最重要的能源，也是各种石油化工产品的原料。随着易于开采的陆上石油的储藏量日益减少，石油公司已经研究出了利用海上钻井平台开采石油的技术，钻入地下的油井也愈来愈深。

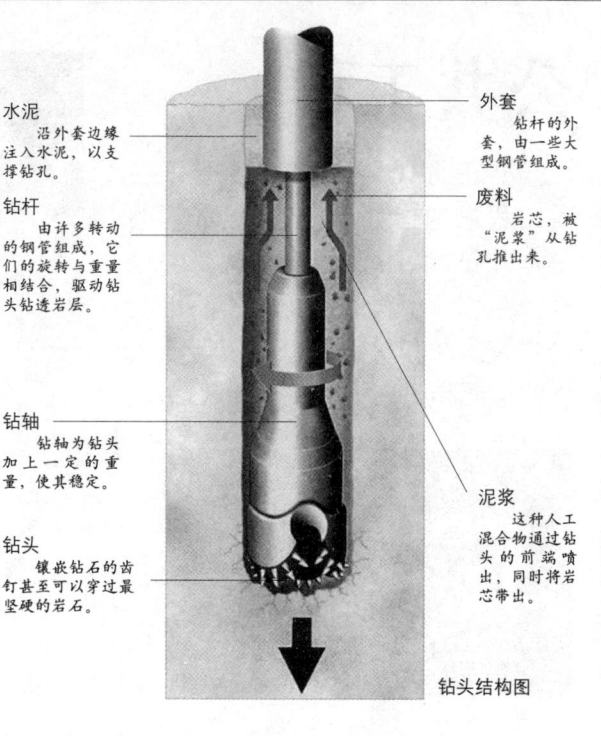

旋转钻头

油井是由一种特殊钻头钻成的，这种钻头镶有钻石齿钉，安装在一支叫做钻杆的高强度钢管末端。钻头由地面发动机和沿钻孔而下的涡轮带动。沿着钻杆注入钻孔的化学品与水的混合物即"泥浆"把岩芯推出钻孔，这种泥浆也可以防止钻头过热。在钻孔的顶部还可以接上附加钻杆，以增加钻杆的长度。

水泥 沿外套边缘注入水泥，以支撑钻孔。

钻杆 由许多转动的钢管组成，它们的旋转与重量相结合，驱动钻头钻透岩层。

钻轴 钻轴为钻头加上一定的重量，使其稳定。

钻头 镶嵌钻石的齿钉甚至可以穿过最坚硬的岩石。

外套 钻杆的外套，由一些大型钢管组成。

废料 岩芯，被"泥浆"从钻孔推出来。

泥浆 这种人工混合物通过钻头的前端喷出，同时将岩芯带出。

钻头结构图

海上石油开采平台

海上石油开采平台

大多数海上石油开采平台都是在平静的内陆水域组装的，然后再用拖船队拖到固定的位置。

采矿与冶金

一种简单的金属提炼方法是化学分解法，这种方法是把矿石与一种更加活泼的物质放在一起加热，除去矿石中的氧，剩下纯金属。这就是为什么铁可以在鼓风炉里从矿石中提炼出来的原因——矿石（氧化铁）与焦炭（碳）一起在一个贫氧的条件下加热，焦炭在燃烧过程中夺走了矿石中的氧，留下了纯铁。有些金属必须用更复杂的方法提炼，如电解法，也就是用电流将化合物分解。无论用哪一种方法来提炼金属，其废料通常都是有毒的，必须谨慎地处理以防止它们破坏环境。

金属矿可以是深入地下的，也可以是露天开采的。深井矿利用竖井和巷道达到在地下生成的金属矿床。露天矿则要在矿石接近地表的地区进行爆破和挖掘，如铝土矿（铝矿）。

机械化收割机

农业机械化

农业革命的种子是伴随着18世纪一系列可以节省体力的机械的发明播下的。首先，是由英国农民杰斯洛·图尔发明的马拉锄播种机，它减少了以往那种先在地上划出一道浅沟，再往沟里撒种而产生的浪费。在北美，埃利·惠特尼发明的轧花机，首次使用于1793年，使棉花收获实现了机械化。在此之前，摘棉还是一种重体力劳动。

公共工程

早在古代，人们就建造了各种工程设施：用以越过自然屏障的隧道和桥梁；用于运输和灌溉的运河。今天，工程师们正在不断地改进建筑方法和材料，以修筑连通大洋的运河和超过百层的摩天大楼。

赵州桥

桥梁工程

架设在江河湖海上，使行人、车辆等能顺利通行的建筑物，称为桥。桥除了常见的铁路桥（列车通行）、公路桥（汽车通行）及公路铁路两用桥之外，还有引水用的水管桥等。

伦敦塔

运河

运河是一种人造的水道。人们很早就开始开凿运河，例如我国的隋朝就开凿了著名的的京杭大运河。大多数运河用于行船载客或运货，有些则用于引水灌溉等。还有一些运河，例如中东的苏伊士运河和中美洲的巴拿马运河则将海洋连接起来，大大缩短了船只航行的距离。

巴拿马运河

隧道

隧道是为了不同目的而修建的地下通道。它为人们提供了可以避开地表建筑物的地下直行路线。许多城市通过错综复杂的隧道网络输送净水和扩大公路运输系统。隧道运输线路既可穿过高山峻岭，也可穿过海底。挖掘隧道的方式主要有两种，具体采用哪种方式要依隧道所处深度来决定：浅层隧道采用"挖封"方法，即先开挖一沟槽，然后加固两壁，封顶并铺设隧道地面，或直接在沟槽中置入预制管道，最后将挖掘出的土石方覆盖于隧道结构上方；而位于岩石层的深层隧道则必须采用打眼钻孔、填充炸药爆破的方式施工建成。

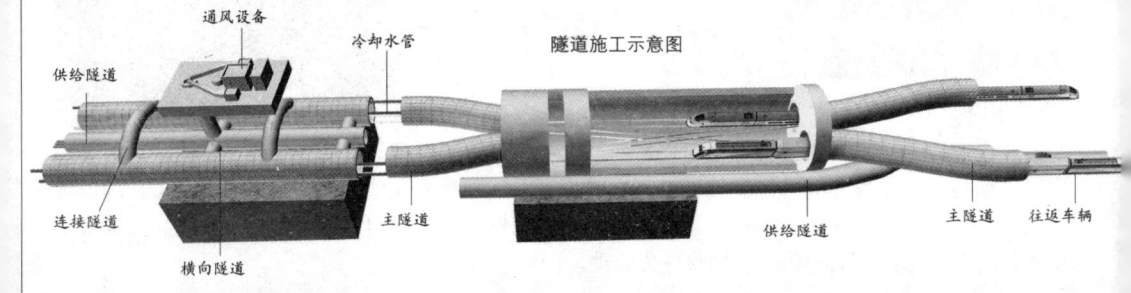

隧道施工示意图

通风设备　冷却水管
供给隧道
连接隧道　横向隧道　主隧道　供给隧道　主隧道　往返车辆

[第五章] Part5

军事

军事是与军队或战争有关的事情。它包含了武器装备、军队、作战方式以及军用标志、军服等多方面内容。人类社会的巨大变化很大程度上表现在武器的更新换代上,特别是人类历经两次世界大战后,武器变得更具杀伤力和破坏性。但军事战争的胜败不仅仅取决于武器的优劣,也取决于作战方式的先进与否。从古代的步战、车战到现代高技术战争条件下的空战、海战,战争方式随着时代和科技的发展也在不断发展变化。

冷兵器

冷兵器是对于火药武器发明以前的其他武器的统称。冷兵器按材质可分为石、骨、木、皮革、青铜、钢铁等；按用途可以分为进攻性武器和防护装具；按照作战用途可以分为步战武器、骑战武器等。

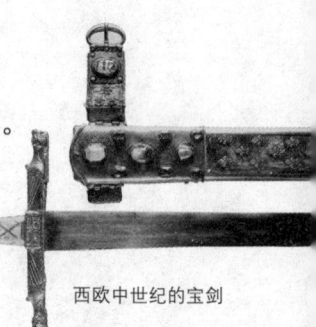

西欧中世纪的宝剑

越王勾践剑

剑

剑是一种既能砍杀又能刺击的兵器。铜剑出现于公元前2000年，铁剑出现于公元前1000年。依剑的形制和长度可将其分为刺剑和劈剑，有些剑则刺劈两用。剑除了在实战中可以用于防身和格斗外，也是贵族喜欢佩带的一种武器。

矛

矛是一种用于直刺和挑扎的兵器，出现于旧石器时代。最初的矛是削尖了的棍棒，后来，人们在矛杆上装上矛头。在石器时代，人们使用石矛头和骨矛头，从青铜时代开始使用金属矛头。矛使用最广泛的时期是在铁器时代。

印度马刀

刀

刀是一种单面侧刃的格斗兵器，用于劈砍。因为刀的一面开有长刃，劈砍功能很强。在刀类家族中，比较常见的有供骑兵用的马刀、供步兵用的腰刀。另外，苗刀、藏刀、蒙古刀等是不同民族的常用兵器。

汉代蹬弩放箭图

弓和弩

在近似弧形的有弹性的木条两端之间系上有韧性的弦，就可以制成弓。拉开弦后，猛然放手，借弦和弓背的弹力就可以把箭射出去。弩是一种装有控制装置，可延时发射的弓。发射时，先将弓弦向后拉，挂在钩上，瞄准后一扣扳机，箭就射了出去。

战车

战车大致起源于公元前3000年左右近东的迦南地区。埃及人向北扩张，其帝国领土直至小亚细亚，从那里他们带回了战车并将其发展成为一种快速轻巧的作战工具。战车上通常有两人（一个负责驾驭，一个负责作战），在古代一直被广泛使用。

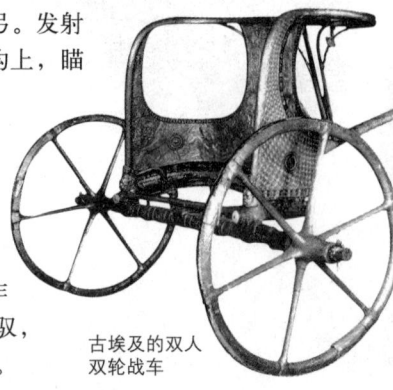

手持长矛的士兵

古埃及的双人双轮战车

轻武器

轻武器又称轻兵器，是可由单兵、小组携行使用的枪械等武器的统称。除枪械外，轻武器通常还包括手榴弹、榴弹发射器、火箭发射器等。尽管陆战兵器的品种及性能现在已发生了翻天覆地的变化，但是，步兵装备的重点仍然是以枪械为主的轻武器。所以，轻武器被形象地称为"步兵的亲密伙伴""地面作战的王牌"。

枪械通常分为手枪、步枪、冲锋枪和机枪等。这些枪械的战斗性能各有千秋。

形形色色的枪械

枪械通常按类型分为手枪、步枪、冲锋枪、机枪等。按自动化程度的不同，枪械又分为全自动枪械、半自动枪械和非自动枪械三种。按使用子弹弹种的不同，枪械又可分为有壳弹枪和无壳弹枪。现代枪械的功能划分并非单一，许多枪械具有多种属性。

枪械的发展

火药在中国发明后，很快用于战争。公元13世纪前后，通过阿拉伯人的中转，欧洲人才懂得如何使用火药。14世纪时，黑火药在欧洲用于战争，欧洲人开始制造枪械。15世纪，欧洲出现了火绳枪。后来火绳枪被燧石枪取代。1800年，人们又发明了击发枪。

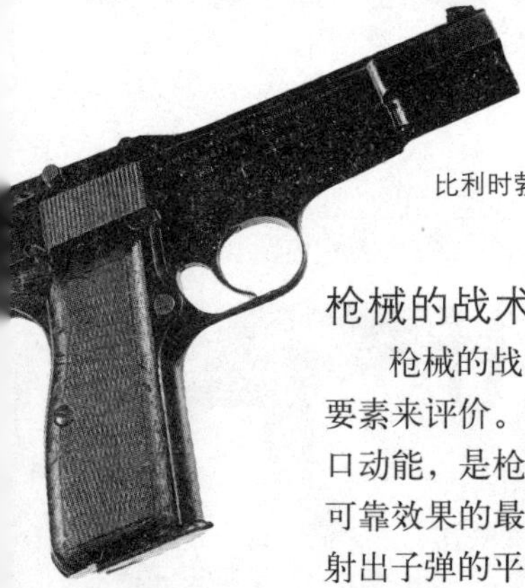

士兵正在发射火绳枪。

比利时勃朗宁9毫米手枪

枪械的战术性能

枪械的战术性能，通常由弹道参数、有效射程、战斗射速、尺寸和重量等诸要素来评价。弹道参数包括口径、弹头重和初速。由弹头重和初速决定的弹头枪口动能，是枪械威力的主要标志之一。有效射程是枪械对常见目标射击时能获得可靠效果的最大距离，反映枪械的远射性。战斗射速是枪械在实战条件下每分钟射出子弹的平均数，反映枪械的速射性，而尺寸和重量则反映枪械的机动性。

手枪

手枪是指以单手发射的一种短枪,是一种作为近战和自卫使用的小型武器,具有小巧轻便、隐蔽性好、能突然开火、在50米距离内有良好的射击效能等特点。

美国柯尔公司150年纪念手枪

美国鲁格P85式9毫米手枪结构图

手枪的组成

手枪由枪管、瞄准装置、枪机、复进簧等部分组成。其中枪管赋予弹头飞行方向;瞄准装置用于对目标进行瞄准;枪机用以送弹、闭锁、击发和退壳;复进簧赋予枪机、枪机框向前复进及完成推弹、抓弹、闭锁、解除不到位保险等所必需的能量。

手枪的发展

13世纪,中国的军队已装备了手持火铳。欧洲原始的手枪出现在14世纪,它是一种单手发射的手持火门枪。15世纪发展的火绳手枪,随后被燧石手枪所取代。19世纪初出现了一种击发式后装弹多枪管旋转手枪,后来就出现了左轮手枪。

手枪的种类

手枪按其构造、形状、功能、产地等可以分为若干种,由于其多样性与复杂性,所以差异比较大。通俗的分法是根据几个笼统的方面综合考虑,将手枪分为自动手枪、转轮手枪、冲锋手枪、军用手枪、微型及其他手枪几种。

各式转轮手枪

转轮手枪

转轮手枪即左轮手枪,是一种非自动的多装弹枪械。枪框上有个叫转轮的圆筒,转轮上开有几个孔,沿圆周均匀地排列,这些孔叫弹巢或弹膛,子弹就装在里面。转轮绕轴旋转,使弹膛依次与枪管对齐,能够进行连续射击。每扣一次扳机,转轮旋转一个角度,当弹膛的轴线、枪管轴线与击锤尖端同在一条直线上,击锤向前打击子弹底火,枪弹就被发射出去。

冲锋手枪

冲锋手枪主要是用于快速前进中射击的枪种,比一般手枪的构造上多了一个前握把,便于控制枪位,也有许多冲锋手枪没有前握把。

自动手枪

自动手枪出现于19世纪末期,容弹量多为6~12发,有的可达20发。一般均有空仓挂机装置,采用单动或双动击发机构。多数自动手枪为可自动装填的单发手枪,战斗射速约每分钟24~40发。

法国瓦尔特9毫米PPK自动手枪

捷克V261蝎式冲锋手枪

步枪

步枪是步兵单人使用的基本武器，不同类型的步枪可以执行不同的战术使命。步枪按自动化程度可分为非自动、半自动（自动装填）和全自动三种，现代步枪多为自动步枪；按用途可分为普通步枪、突击步枪、卡宾枪和狙击步枪；按使用的枪弹又可分为大威力枪弹步枪、中间型枪弹步枪、小口径枪弹步枪。

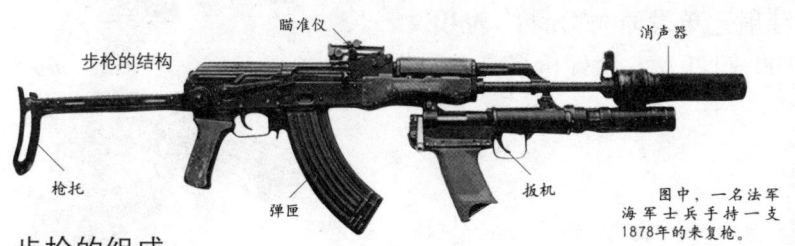

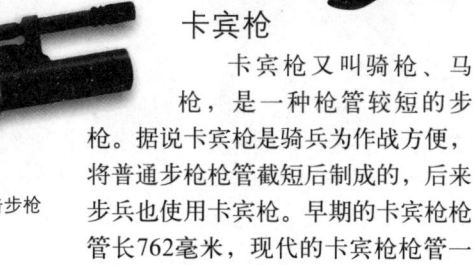

图中，一名法军海军士兵手持一支1878年的来复枪。

步枪的组成

步枪的组成部分为枪托、弹匣、扳机、瞄准仪器等。上图所示的是组装步枪，它由自动步枪和掷弹筒组成，自动步枪上还装有消声器。

德国WALTHE-41自动步枪

自动步枪

自动步枪是现代步兵单人使用的基本武器，也是军队中使用最普遍的近战武器，主要作用是以其火力、枪刺和枪托杀伤有生目标。在解决战斗的最后阶段，自动步枪起着重要的作用。

西班牙赛特米L型突击步枪

狙击步枪

狙击步枪是一种狙击用的高精度步枪，配有专门瞄准镜，适用于对最重要的单个目标（如敌人的指挥员）实施精确射击，射击精度比普通步枪强很多倍。

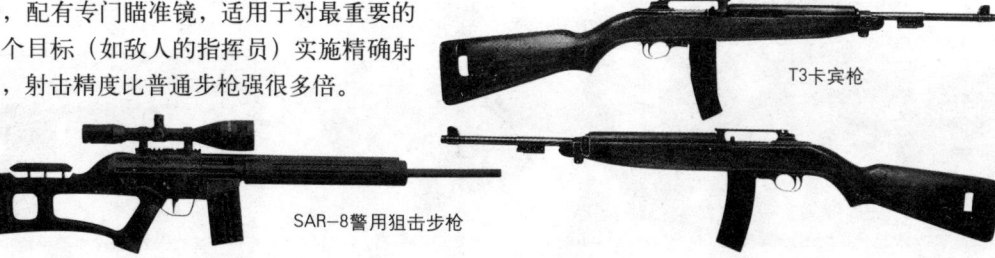

SAR-8警用狙击步枪

卡宾枪

卡宾枪又叫骑枪、马枪，是一种枪管较短的步枪。据说卡宾枪是骑兵为作战方便，将普通步枪枪管截短后制成的，后来步兵也使用卡宾枪。早期的卡宾枪枪管长762毫米，现代的卡宾枪枪管一般小于588.8毫米。

T3卡宾枪

冲锋枪

冲锋枪是一种介于手枪和机枪之间的武器,比步枪短小轻便,便于突然开火,射速高,火力猛,适宜于近距离作战和冲锋,在200米内有良好的杀伤效力。冲锋枪结构简单,制动方式多采用枪机后坐式,采用容弹量较大的弹匣供弹,战斗射速单发时每分钟约为40发,长点射时每分钟约为100~120发。冲锋枪多具有小握把,枪托一般可伸缩或折叠。

冲锋枪结构图:枪管、前握柄、击机与击机簧、瞄准具、弹匣、活塞杆、扳机、后握柄、枪托

冲锋枪的组成

冲锋枪一般由枪管、弹膛、枪机、复进簧、枪托、扳机、握把等部分组成。其中,枪机用来送弹和击发,复进簧用来为枪机提供能量。

德国9毫米MP18I冲锋枪

德国9毫米MP28II冲锋枪

冲锋枪的发明

1918年,德国人设计的9毫米MP18冲锋枪问世了。这是德国著名枪械设计师雨果·施迈赛尔设计的,是世界上第一支真正适用并大量装备的冲锋枪。1918年初的样枪称为MP18,后经过改进,命名为MP18I式,于同年夏季装备前线部队。

微型冲锋枪

20世纪60年代,为满足特种部队和保安部队在特殊情况下的作战需要,人们开始研制短小轻便且单手射击的轻型、微型冲锋枪,它的特点是体积小、精度高、重量轻、弹匣容量大,有的微型冲锋枪还装有消声器。

这是捷克7.65毫米M61式微型冲锋枪的射击状态。

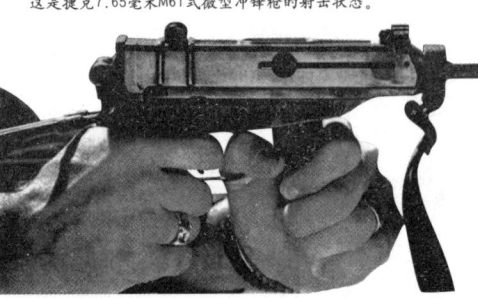

单兵自卫武器

小资料

单兵自卫武器

单兵自卫武器是一种功能界于手枪和冲锋枪之间的新概念武器。它是为解决二线战斗人员武器装备繁杂的问题而研制的。它的设计目标就是要减轻枪械重量,易于携带和操作,在一定距离上能有效对付敌人的防弹衣或头盔。

机枪

机枪是一种带枪架(座)或两脚架,能连续射击的枪,以前也叫机关枪,主要用于射击较远距离的有生力量,也可对空中、水面或地面轻型薄壁装甲目标或火力点进行射击。机枪有轻机枪、重机枪、多管机枪、高射机枪、空用机枪等多种。

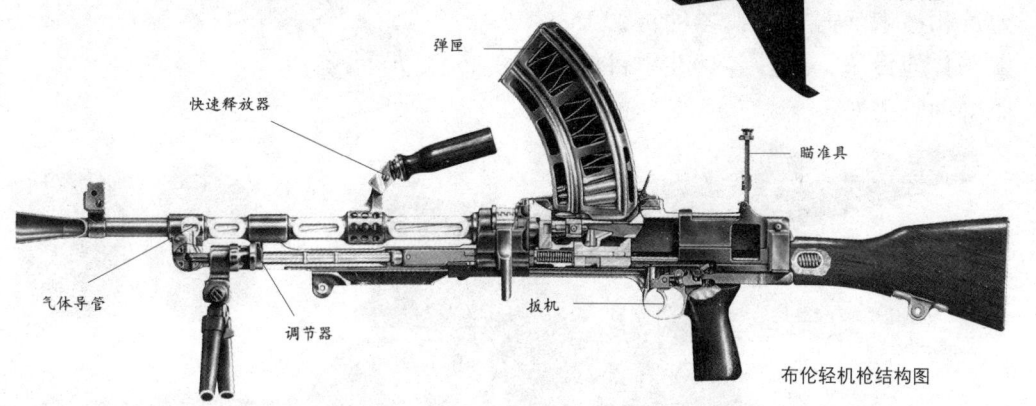

早期的机枪

布伦轻机枪结构图(弹匣、快速释放器、气体导管、调节器、扳机、瞄准具)

机枪的构成

机枪通常由枪管、瞄准具、扳机、弹匣、调节器、气体导管等几部分组成。其中,扳机是子弹射击装置,调节器能使不同量的气体从枪筒排到气缸里去,弹匣是供应子弹的装置。

前苏联7.62毫米RPK轻机枪

轻机枪

轻机枪是带有两脚架且重量轻、携行方便的一种机枪,主要用于射击地面或低空有生目标,伴随步兵行动。轻机枪通常配有两名射手,必要时也可以单人操作。早期的机枪都是重机枪,重量多在几十千克,不便于步兵携行。轻机枪重量轻,便于携行,所以发展很快,相继出现了各类口径小、机动性能好的轻机枪。

重机枪

美国造勃朗宁M1917A1式7.62毫米重机枪

重机枪主要用于射击集群目标、薄壁装甲、火力点和低空飞机等。其结构由枪身、枪架和瞄准装置组成。重机枪通常采用机械瞄准装置,有的还配有光学瞄准具和夜视瞄准具。枪架用以支撑枪身,赋予枪身一定的射角和射向,多为三脚架,有轮式和杆式两种。

火炮

火炮是指以发射药为能源发射弹丸、口径在20毫米以上的身管射击武器。火炮种类较多，可发射多种弹药，可对地面、水面和空中目标射击，歼灭、压制有生力量和技术兵器，摧毁各种防御工事和其他设施，击毁各种装甲目标和完成其他特种射击任务。

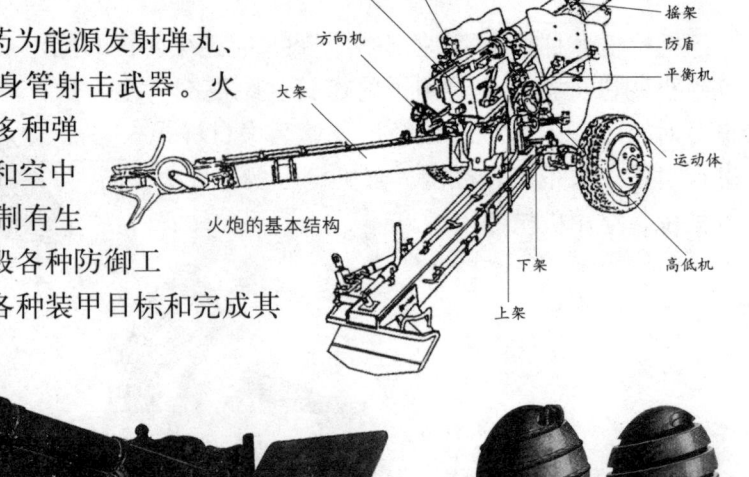

火炮的基本结构：瞄准装置（瞄准具、瞄准镜）、身管、炮口制退器、摇架、防盾、平衡机、运动体、高低机、上架、下架、大架、方向机、炮闩

美国造M2A1式105毫米榴弹炮

卵形弹

榴弹炮

榴弹炮的初速比较小，射角比较大，最大可达75°左右。弹丸飞到目标区的落角也比较大，有较好的爆破和杀伤效果。它射击的时候可以使用7～10个不同的装药，利用不同的装药和射角，可以得到不同的初速和灵活多变的弹道，便于在较大的纵深范围内实施火力机动，用于攻击暴露的或隐蔽的有生力量和技术装备。

加农炮

加农炮的身管长度一般达到40～80倍口径，射角却很小，一般在40°以下。与其他火炮相比，加农炮具有射程远、弹道低伸、弹丸飞行速度快的优点，它是各种火炮中射程最远的一种。加农炮弹道平直，特别适宜于攻击坦克、飞机等快速机动目标。因此，反坦克炮、坦克炮和高射炮一类对目标进行快速直接瞄准的火炮，都具有加农炮的弹道特性。

前苏联2C7式203毫米自行加农炮

美国造M2式106毫米迫击炮

迫击炮

迫击炮是用座钣承受后坐力、发射迫击炮弹的曲射火炮。迫击炮的特点是射击的时候射角特别大，射出的炮弹弹道特别弯曲，飞到空中后几乎垂直地落到地面。它初速小，最小射程近，杀伤效果好，因此适宜于对距离较近而又隐藏在壕沟里或遮蔽物背后的目标进行射击。

火箭炮

火箭炮发射的火箭弹是依靠本身发动机的推力向前飞行的，火箭炮只需简单的滑轨或发射筒固定火箭弹并赋予飞行方向。这样，就可以采用多联的发射架和电点火的方式，在极短的时间里发射大量火箭弹，向远距离的大面积目标实施突然袭击，用以歼灭压制有生力量和技术兵器，给敌人以精神上的极大震撼。但是，火箭适于对大面积目标进行覆盖性轰击，而对小面积的目标射击精度较差，这是它不及榴弹炮和加农炮的地方。

俄罗斯D-44式85毫米反坦克炮

日本造88式75毫米高射炮

高射炮

高射炮是用来对飞机、直升机、飞行器等各种空中飞行目标射击的武器，必要时可向地面目标或水上目标射击。第一次世界大战中，高射炮开始装备简易的瞄准装置和射击指挥仪。德国在1917年研制成功世界上第一种高射炮。

反坦克炮

反坦克炮是主要用于对坦克、步兵战车和其他各种装甲目标射击的火炮。反坦克炮大多身管较长，初速大，弹道平直低伸，射角在45°以下，瞄准和发射速度较快，弹丸飞行速度达每秒1300～1800米，比榴弹炮发射的弹丸速度高1倍以上。

电磁炮

电磁炮是以电磁力发射弹丸的一种装置，主要由电源、开关、能量调节器和加速器组成。与传统脱壳炮相比，射击时无声响、无烟雾、无光无焰；弹丸尺寸和重量较小，且无需药筒，简化了后勤供应；射速高，有利于提高命中概率。目前，电磁炮按其用途可分为战略电磁炮和战术电磁炮两大类：前者可用于摧毁空间卫星和航天器，后者可用于反坦克与防空。

以色列TCM-30式双管30毫米舰炮

电磁炮是依据感应电动势的原理设计的。

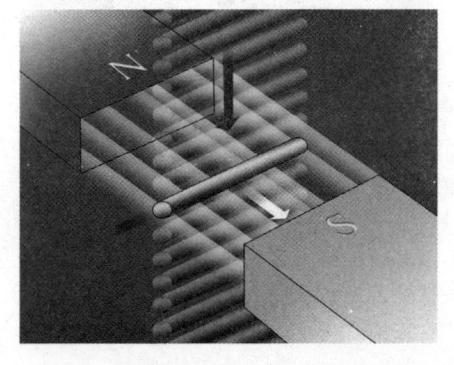

舰炮

舰炮是海军舰艇最基本的武器之一，它是随着火炮的发展而成长起来的。舰炮是指装备在舰艇上的海军炮，是舰艇的主要武器之一，用于射击水面、水中和岸上目标。现代舰炮通常采用加农炮，口径一般在20～203毫米，自重平衡，多管联装，具有重量较轻、结构紧凑、射界较大、操纵灵活、瞄准快速、命中率高和弹丸破坏威力大等特点，能适应舰艇的负载和空间限制，在海上运动、摇摆条件下，有效地射击高速运动的点目标。

装甲车

具有装甲防护的各种战斗车辆和保障车辆称为装甲车。战斗车辆有伞兵战车、步兵战车、装甲人员输送车、装甲侦察车、装甲指挥通信车等；保障车辆有坦克架桥车、装甲抢救车、装甲救护车等。现代装甲车辆是陆军地面作战的主要装备，也是战争中后勤补给的重要保障。

装甲车

"黄鼠狼"步兵战车

步兵战车

步兵战车主要用于协同坦克作战，也可独立完成作战任务。步兵战车分履带式和轮式两种。履带式步兵战车的越野性能好，战场生存力强，但是构造复杂，造价较高。轮式车辆公路行驶速度高，耗油少，造价低。步兵战车一般都能水陆两用。

装甲侦察车

装甲侦察车是装有侦察装备用于实施战术侦察的装甲车辆，分履带式和轮式两种。装甲侦察车具有车体尺寸小、重量轻、行驶速度快等特点。车上通常装有20～30毫米机关炮和机炮。战斗全重6～16吨，乘员3～5人，观察距离3000米，探测距离20千米。现代装甲侦察车装有多种侦察仪器和设备。随着科学技术的发展，新型装甲侦察车的侦察设备正向提高生存力、全天候、远距离和多样化的方向发展。

西班牙VEC轮式骑兵装甲侦察车

装甲救护车

装甲救护车是设有制式担架、医疗设备、医疗器材和药品的轻型装甲车辆，专用于野战条件下救护和运送伤员，有履带式和轮式两种。车内有救护舱，可容纳卧于担架的重伤员2～4人或坐姿伤员3～8人，舱内可进行包扎、固定、输血、输液等急救处理和外科手术。

英国Rover装甲救护车

装甲工程车

装甲工程车，又称战斗工程车，是伴随坦克和机械化部队作战并对其进行工兵保障的配套车辆。其基本任务是清除和设置障碍、开辟通路、抢修军路、构筑掩体以及进行战场抢救；有的车还可用于为坦克装甲车辆涉渡江河构筑岸边进出通路和平整河底，保障战斗车辆渡河。

装甲工程车

坦克架桥车

坦克架桥车是指装有可在车内操纵架设、撤收的制式车辙桥的履带式装甲车辆。该种车主要用于在敌人火力威胁下，快速架设车辙桥，保障坦克和其他装甲车辆通过防坦克壕沟等人工或天然屏障。坦克架桥车从结构上主要分为两大类型：一类是剪刀式坦克架桥车，一类是平推式坦克架桥车。

坦克架桥车

布雷车

布雷车是一种用于布设地雷的装甲车辆。其中，比较先进的如德国"蝎"式抛撒布雷车。该车旋转平台上装有6个可调整的发射雷箱，每个雷箱中有5排雷匣，每个排雷匣有4根抛射管，每根抛射管5枚地雷，可用火药一次发射抛出。

德国"蝎"式抛撒布雷车

小资料

步兵战车为什么能在水中漂浮？

步兵战车能够涉水，前提条件是它必须能在水上漂浮起来。步兵战车的装甲比坦克要薄很多，车身相对就轻了许多，经过密封，能够漂浮在水面上。由于要运兵，步兵战车内部空间较大，这种结构有利于增加浮力，便于其航渡。有的步兵战车还专门设置了浮箱，浮箱内填充特制的塑料，即使中弹也不会进水。有了浮箱，不仅保证步兵战车在正常情况下不沉，即便在其中弹、倾斜等特殊情况下也能较好地漂浮。

日本92式装甲扫雷车

扫雷车

扫雷车主要用于在山岳丛林地带防步兵雷场中开辟通路，也可用来摧毁群目标和杀伤有生力量。其中，比较先进的如日本的92式装甲扫雷车。该车由底盘和火箭爆破扫雷器组成，战斗全重25吨，乘员两人。车首装有推土铲，车上没有安装固定武器。每辆车有两具并列的火箭发射器。车辆的最大行驶速度为每小时50千米，最大行程为300千米。

坦克

坦克是一种具有强大直射火力、高度越野机动性和坚强装甲防护力的履带式装甲战斗车辆。它可同敌人的坦克和其他装甲车辆作战，也可以压制、消灭反坦克武器，摧毁野战工事，歼灭有生力量，因此也成为地面作战的主要突击武器和装甲兵的主要装备。

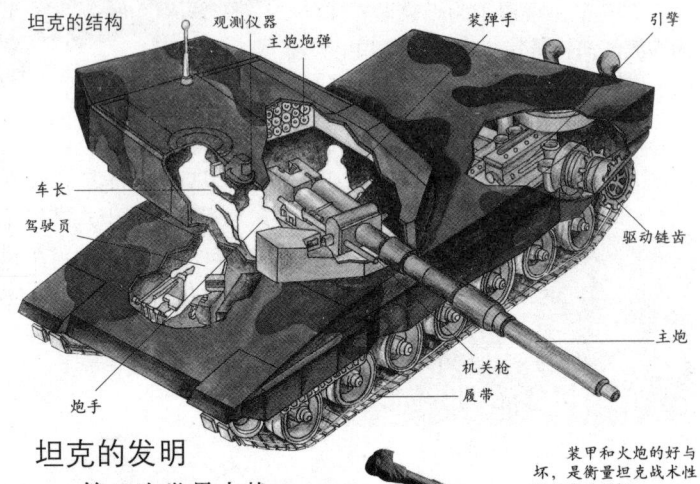

坦克的结构

坦克通常由武器系统、推进系统、防护系统、通信系统等部分组成。驾驶室位于坦克前部；战斗部分位于坦克中部，有炮塔，炮塔上装有高射机枪，塔身有1门火炮；坦克后部装有发动机。坦克乘员多为4人，包括驾驶员、车长、炮手和装弹手。

坦克的发明

第一次世界大战初期，英国军事记者E·D·斯文顿上校看到战场上一批批英军由于没有防护设施而在进攻中死去，突然想到可给拖拉机穿上厚厚的钢甲外衣，使它既不怕机枪和炮火射击，又能进攻敌人阵地。英国政府采纳了他的建议。1915年，一辆被命名为"小游民"的"陆地巡洋舰"终于诞生了。斯文顿给它取名为坦克。1916年，第二辆称为"大游民"的坦克样车出厂了，定性投产后称为I型坦克，分为"雌""雄"两种。"雌性"坦克装有5挺机枪；"雌性"坦克装有2门火炮和4挺机枪，装甲厚度6～12毫米。1916年，英国组建了世界上第一支坦克部队。

坦克的战术性能

坦克行驶速度每小时60千米，最远行程650余千米，最大爬坡约30°，可越宽3米的壕沟，过高1.2米垂直墙，涉水深1.5米，还可潜水5米深。坦克火力强大，除装有1门火炮外，还有高射机枪、并列机枪和航向机枪，携带炮弹40～60发。

坦克的履带

坦克采用履带行走，就像给坦克铺上无限延长的轨道一样，同时扩大了与地面接触的面积，使它能够通过各种复杂路况。

主战坦克

主战坦克是坦克家族的主角。其战斗全重为35～54吨，火炮口径为105～120毫米，最大行驶时速达65千米，最大行程300千米～600千米。它的火力和防护能力非常厉害，一般装有火炮，配用的炮弹有穿甲弹、碎甲弹和反坦克导弹等。同时，它的机动性能也比以前的坦克有了很大的提高。

美国M60系列主战坦克

美国M1A2主战坦克

水陆坦克

水陆坦克上装有水上推进装置，能自行浮渡，用于水网地带作战、强渡江河及登陆作战。水陆坦克的车体密封，并装备有一些特殊设备，包括通气筒、排气阀门、救生器材、航向仪、排水泵等。通气筒能让新鲜空气进入坦克内，排气阀门安装在排气管上，废气通过排气阀门排出。

水陆坦克正在登陆。

侦察坦克

侦察坦克主要是供装甲兵侦察部队和空降师使用的特种坦克，同时能在联合兵种作战时为主战坦克不能展开的地区提供火力支援。比较著名的如美国M551"谢里登"轻型侦察坦克。该坦克车体为全铝结构，装备有152毫米炮弹和导弹两用炮，另配装有高射机枪和并列机枪各1挺。

美国M551"谢里登"轻型侦察坦克

军用飞机

军用飞机是用于军事用途的飞机。它主要包括歼击机、战斗机、轰炸机、武装直升机、侦察机、预警机、电子对抗飞机、水上飞机、军用运输飞机、空中加油机和教练机等。军用飞机可装航炮并携带导弹、火箭、炸弹和鱼雷等武器,用于攻击空中、地面、水面或水下目标。

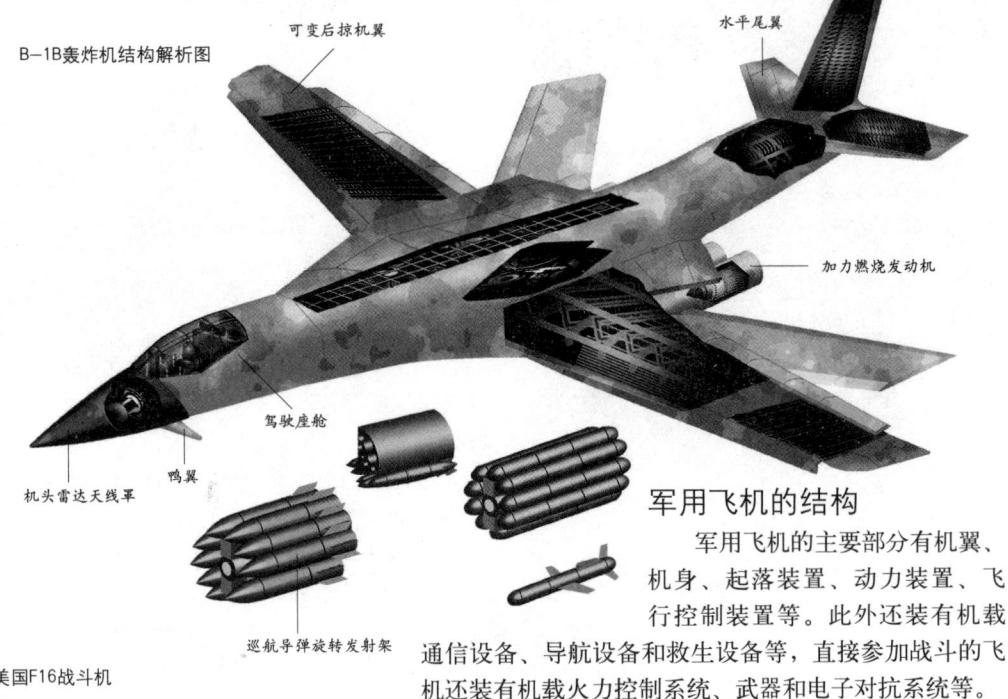

B-1B轰炸机结构解析图 — 可变后掠机翼、水平尾翼、加力燃烧发动机、驾驶座舱、鸭翼、机头雷达天线罩、巡航导弹旋转发射架

美国F16战斗机

军用飞机的结构

军用飞机的主要部分有机翼、机身、起落装置、动力装置、飞行控制装置等。此外还装有机载通信设备、导航设备和救生设备等,直接参加战斗的飞机还装有机载火力控制系统、武器和电子对抗系统等。

战斗机

战斗机具有火力强、速度快、机动性好等特点,是航空兵空中作战的主要机种,也可用于执行对地攻击任务。现代战斗机多装有20毫米以上的航空机关炮,还可携带多枚雷达制导的中距拦射导弹,红外制导的近距格斗炸弹、导弹或命中率很高的激光制导的炸弹、导弹。机上带有先进的电子对抗设备。

"入侵者"舰载攻击机

攻击机

攻击机具有良好的低空操纵性、安定性和搜索地面目标能力,用于从低空、超低空突击地面小型目标,支援地面部队作战。攻击机用来突击地面目标的武器有航炮、普通炸弹、制导航空炸弹、反坦克集束炸弹和空地导弹等。

轰炸机

轰炸机是指用炸弹、鱼雷或空地导弹对敌方地面和海上目标实施杀伤与破坏的飞机。按用途和任务性质，轰炸机可分为战术轰炸机、战略轰炸机两类；按起飞重量和航程，可分为轻型(近程)、中型(中程)、重型(远程)三类。现代轰炸机通常是由机体结构、动力装置、武器系统、机载电子和特种设备组成的。

美国空军的超大型轰炸机——波音B-52H

军用运输机

军用运输机是运送军事人员、武器装备和其他军用物资的飞机。军用运输机具有较大的载重量和续航能力，能实施空运、空降和空投，保障地面部队从空中实施快速机动作战。机上有完善的通信、领航设备，能在昼夜和各种复杂的气象条件下飞行。

美国C-130"大力士"运输机

预警机

预警机是搜索、监视空中或海上目标，指挥引导己方执行作战飞行任务的军用飞机。机上有雷达和电子侦察设备，飞机起飞后大大增加雷达的搜索范围和探测距离，增长预警时间，易于发现低空、超低空和海上飞行目标。

EC-137B预警机

侦察机

侦察机是用于从空中进行侦察获取情报的军用飞机。侦察机上装有各种侦察设备，如航空照相机、雷达、电视、红外侦察设备等，甚至装有实时情报处理设备与传递装置。有的侦察机上还装有武器，用于自卫和进行攻击。

高空战略侦察机

军用直升机

军用直升机是用于运输、对地攻击、机降登陆作战的直升机。海陆空军都用直升机来执行范围广泛的任务。其中武装直升机是一种专门设计的、用于对地攻击和空战的直升机。它可与运输直升机护航，也可与敌直升机进行空战，具有机动灵活，反应迅速，适于低空、超低空抵近攻击，能在运动和悬停状态开火等特点。

SR-71"黑鸟"高空侦察机

军舰

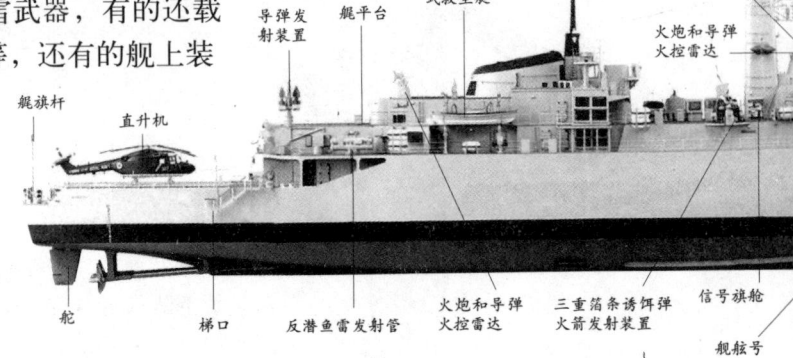

军舰是用于完成战斗任务和保障任务的战斗舰艇和特种舰艇。现代军舰一般装有导弹、鱼雷、火炮、反潜武器、水雷、反水雷武器，有的还载有战斗机和直升机等，还有的舰上装有电子设备和其他技术器材。现代海军使用的战舰有航空母舰、核动力潜艇，以及可执行多种任务的巡洋舰等。

护卫舰结构图
警戒雷达
信号灯
动力捕鲸式救生艇
火炮和导弹火控雷达
导弹发射装置
舰平台
舰旗杆
直升机
舵
梯口
反潜鱼雷发射管
火炮和导弹火控雷达
三重箔条诱饵弹火箭发射装置
信号旗舱
舰舷号

军舰的构成

军舰通常由船体、武器系统、动力装置、导航设备、防护设备、生活和工作舱室等部分组成，武器系统有各种舰载机、舰艇发射的导弹。此外，还有鱼雷、水雷、深水炸弹和舰炮等。动力装置大都采用蒸汽轮机，少数为核动力装置、燃气轮机和柴油机等。导航设备有各种声纳、探测罗盘、导航仪等。

"俾斯麦号"战列舰

战列舰

战列舰装有大口径舰炮，带有装甲防护和较强突击火力，能在远洋作战，是海军的主要舰种之一。它主要用于执行海上作战、支援登陆和攻击岸上目标等任务。20世纪30年代，战列舰的发展达到顶峰。现在，战列舰已经退出了历史舞台。

俄罗斯克列斯塔I级导弹巡洋舰

巡洋舰

巡洋舰是在排水量、火炮、装甲防护等方面仅次于战列舰的多用途大中型水面战舰，是现代海军主要的战斗舰艇之一，能在较长时间和恶劣气象条件下进行远洋机动作战。它装备有与其排水量相称的攻防武器系统、精密的探测计算设备和指挥控制通信系统，具有较高的航速、较大的续航力和较好的耐波性。

驱逐舰

驱逐舰是以导弹、舰炮、鱼雷等为主要武器，具有多种作战能力的中型舰艇。它能攻击潜艇和水面舰船，能护航、侦察、巡逻、袭击岸上目标，能适应复杂海况下的作战，有较强的抗打击能力，并配有较完善的三防（防原子、防化学、防生物战）能力。

日本"金刚"级驱逐舰

"亚当斯"级导弹驱逐舰

美国"亚当斯"级导弹驱逐舰是在原福·谢尔曼级驱逐舰的基础上改进而成的，以反潜为主，1958~1964年间共建造23艘。每艘舰长133.2米、舰宽14.3米，航速30节，编制354人。

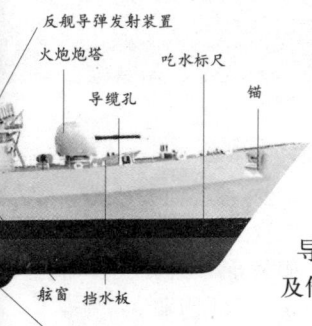

反舰导弹发射装置
火炮炮塔
吃水标尺
导缆孔
锚
舷窗 挡水板
舰底声呐罩

"亚当斯"级导弹驱逐舰

护卫舰

护卫舰主要用于反潜护航以及侦察、警戒、巡逻、布雷、支援登陆、对岸对舰攻击等任务。护卫舰与驱逐舰所完成的任务和装备都很相似，但护卫舰一般比驱逐舰吨位小、武器弱、航速低，是一种更为普及的舰种。舰上武器有舰空导弹、舰舰导弹、反潜导弹、舰炮、反潜鱼雷和直升机等。此外，还有性能良好的声呐、雷达及作战指挥、武器控制自动化系统等。

"拉斐特"级护卫舰

"拉斐特"级护卫舰是法国也是世界上第一种隐身护卫舰。该舰为了达到对雷达的隐身，舰体和上层建筑采用了倾斜设计，可以把敌方发射过来的雷达波反射到其他方向，使敌方探测雷达无法接收到正常的回波，这就缩小了舰艇的雷达反射面积。该级舰长125米，宽15.4米，最大航速25节。"拉斐特"级舰的电子设备众多，且性能十分先进，主要有探索和目标指示雷达、多普勒跟踪雷达等。

美国"中途岛"级航空母舰

英国公爵级护卫舰——"里士满号"

航空母舰

航空母舰是载有各种作战飞机并提供海上起降活动基地的大型军舰，主要用于攻击各类舰船、袭击海岸设施和陆上战略目标，支援登陆和抗登陆作战。航空母舰攻击威力大，一艘航空母舰可搭载各种舰载机数十架至数百架，能在半个小时内完成起飞20多架飞机，一昼夜可航行500多海里。

美国"尼米兹"级航空母舰

"尼米兹"级航空母舰

"尼米兹"级航空母舰是世界上排水量最大、舰载机最多、现代化程度最高、作战能力最强的核动力航空母舰。它的7种不同用途的舰载飞机可以对敌方飞机、船只、潜艇和陆地目标发动攻击，可以支援陆地作战，保护海上舰队，可以在航空母舰周围方圆几百海里的海面上布雷，实施海上封锁。

导弹

导弹是一种可以依靠自身的动力装置和制导装置、自动控制飞行路线并导向目标的武器。导弹是现代战争与未来战场的主角，谁拥有先进高端的导弹，谁将掌握战争的主动与优势。因此，各国以研制、装备导弹作为增强军队战斗力的重要手段。

导弹的种类

导弹的结构

导弹由弹头部、导航装置、发动机、动力燃料等几部分组成。导弹的发动机用于为导弹飞行提供动力，它又有固体火箭发动机、液体火箭发动机、冲压喷气发动机等多种类型。发动机、制导装置、战斗部和电源等一起装在弹体里。弹体常用重量轻、强度高的轻合金材料或玻璃钢等复合材料制成。此外，地面还有观察、制导设备和导弹一起组合成整套武器系统。

导弹的种类

按发射位置不同来分，导弹可以分为地基导弹、潜射导弹、舰载导弹、机载导弹等；按打击目标不同来分，导弹可以分为防空导弹、反舰导弹、反坦克导弹、反辐射导弹等；按导弹飞行区间来分，导弹可以分为地地导弹、空空导弹、空地导弹、空舰导弹、地空导弹、地舰导弹等；按导弹飞行方式来分，导弹可以分为弹道导弹、巡航导弹等。

弹道导弹

弹道导弹是在火箭发动机的推动下飞行，靠惯性自由滑行的导弹。弹道导弹的主要特点是导弹无弹翼，沿着一条预先确定的飞行轨迹飞行，通常采用垂直发射，弹体与弹头之间采用分离式结构。

前苏联SS-25弹道导弹弹头解剖图

前苏联SS-25弹道导弹

SS-25弹道导弹是前苏联先进的地地洲际弹道导弹。弹长18～19米，弹径1.8米，起飞重量35吨，可携带单弹头，也可携带分导式多弹头。单弹头威力为55万吨TNT当量。导弹射程1万千米，命中精度260米，采用发射井发射和公路机动发射。

第二次世界大战中使用的导弹——V-2导弹的基本结构

正在发射的美国"大力神"弹道导弹

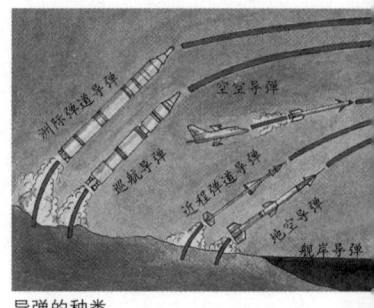

弹头部
导航装置
无线电控制装置
乙醇
液态氧
空气力舵
天线　主阀

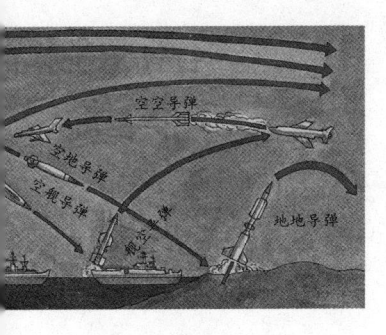

巡航导弹

巡航导弹的外形很像飞机,是一种小型的无人驾驶飞行器。它体积小、重量轻,命中精度高。巡航导弹和其他类型的导弹在构造上的主要区别,是它装有空气喷气发动机,发动机所需燃料自身携带,燃烧用氧化剂取自大气。

巡航导弹"风暴前兆"的外形很像飞机。

"战斧"巡航导弹

"战斧"巡航导弹是美国研制的多用途巡航系列导弹。导弹弹长6.25米,弹径0.52米,翼展2.67米,巡航速度每小时610千米~920千米,海面巡航高度7~15米,平地50米,丘陵和崎岖山区100米左右。其中BGM-109A型为海基对陆核攻击型,射程2400千米,命中精度30米,核战斗部威力为20万吨TNT当量;BGM-109B为海基反舰型,射程480千米,战斗部为454千克穿甲弹。

地地导弹

地地导弹与地面指挥控制装置、探测跟踪装置和发射装置一起,组成整套地地导弹武器系统,可分为地地战术导弹和地地战略导弹两类。地地战术导弹主要用来打击敌方战役或战术纵深内的核袭击兵器、集结的部队、坦克、机场、指挥部等重要的战术目标。

"飞毛腿"导弹

地空导弹

地空导弹也称防空导弹。与高射炮相比,它射程远、速度快、命中率高、威力大,不受目标速度和高度限制。

地空导弹

地空导弹种类较多,按射高可分为高、中、低空地空导弹;按射程可分远、中、近程地空导弹。

"飞毛腿"导弹

"飞毛腿"导弹是前苏联地地战术导弹,主要用于打击敌方机场、导弹发射场、指挥中心、仓库、兵力集结地、交通枢纽、城镇等地面固定目标。弹长为11.6米,弹径为0.88米,射程达300千米~350千米,命中精度为300米,采用头体分离、车载越野机动发射方式,是一种具有高度机动性的武器系统。

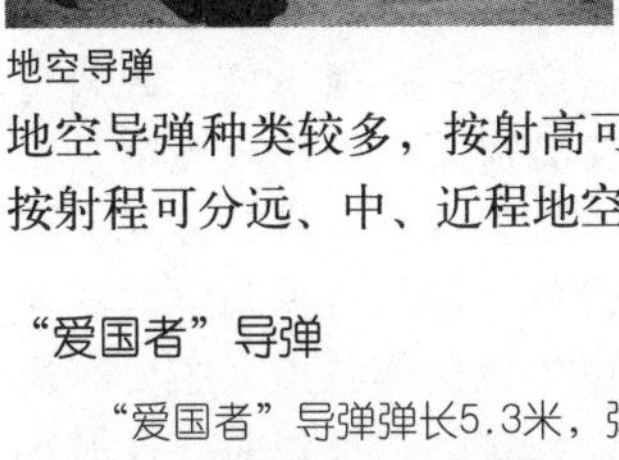

"爱国者"地空导弹

"爱国者"导弹

"爱国者"导弹弹长5.3米,弹体直径0.41米,翼展0.87米,发射重量1000千克,动力装置为一台高能固体火箭发动机。战斗部重100千克,装烈性炸药或核装药,当量为3万~5万吨,杀伤半径20千米,杀伤概率大于80%。射程80千米~100千米,射高0.3千米~24千米。它采用多功能相控阵雷达,能同时掌握100多批目标和制导8枚导弹攻击多个目标。

舰空导弹

舰空导弹是从巡洋舰等大型舰船上发射攻击空中目标的导弹,是舰艇的主要防空武器之一。最大射程可达100多千米,最大射高30千米。第二次世界大战末期,美国海军首先研制成功舰空导弹。舰空导弹问世以来,发展迅速,型号繁多,多次在局部战争中使用。海战实例表明,舰空导弹是一种有效的舰船防空武器,在现代海空作战中得到广泛使用。

美国军舰正在发射舰空导弹。

"海麻雀"导弹

"海麻雀"导弹是美国海军现役的最小的舰空导弹,主要用于对付低空飞机和巡航式导弹,为攻击型航空母舰和未装导弹的舰船担负防御任务。"海麻雀"导弹长3.8米,弹体直径0.2米,翼展1.02米,发射重量227千克,"海麻雀"导弹的最大射程为15千米,射高5千米。

"海麻雀"舰空导弹

空空导弹

空空导弹是现代作战飞机的主要空战武器。空空导弹与航空机关炮相比,具有射程远、命中精度高、威力大等优点。空空导弹种类较多,按攻击方式分有格斗导弹和拦射导弹;按制导方式分有红外、雷达和复合制导导弹;按射程分有近程、中程和远程导弹。空空导弹最小射程为300~500米,最大射程可达100多千米,可由飞机从100千米以外连续发射数枚,攻击不同方向的数个目标。

俄罗斯AA-12"蝰蛇"空空导弹

单兵便携式防空导弹

单兵便携式防空导弹是地空导弹中体积最小、射程最近、射高最小的一种轻型防空武器,主要打击各种低空飞行的飞机。它轻便灵活、发射隐蔽,在局部战场上显示出强大的威力。

空地导弹

空地导弹通常装备在战略轰炸机、歼击轰炸机、强击机、武装直升机、反潜巡逻机等作战飞机上。具有摧毁率高、机动性强、隐蔽性好、能从敌方防空武器射程以外发射等特点,主要有反舰、反雷达、反坦克、反潜导弹等多种类型。

携带便携式防空导弹的美军陆军防空兵

空舰导弹

空舰导弹是指由飞机从空中发射攻击水面舰船的导弹。它可用于攻击地面目标,是海军航空兵的主要攻击武器之一,通常由弹体、弹翼、战斗部、制导系统、动力装置等构成。战斗部有普通装药或核装药。

法国空射"飞鱼"空舰导弹

岸舰导弹

岸舰导弹是从岸上发射攻击海上舰船的导弹,通常部署在沿海战略要地,可有效地控制海域和海上通道,摧毁在沿海活动的敌方舰船,进行抗两栖登陆和海上攻击作战。岸舰导弹对沿海舰船和登陆船只具有较大的威慑作用。岸舰导弹机动性强,可迅速转移发射阵地;隐蔽性好。

岸舰导弹

舰舰导弹

舰舰导弹是从水面舰艇上发射攻击水面舰船的导弹,射程一般在40千米~50千米,有的可达数百千米。飞行速度多为亚音速,少数为超音速,具有射程远、命中率高、威力大等特点。战斗部有聚能穿甲型、半穿甲型和爆破型,采用普通装药或核装药。

战斗机携载的反辐射导弹

反辐射导弹

反辐射导弹(也称反雷达导弹)实际上是一种利用对方雷达的电磁辐射进行引导,从而摧毁对方雷达的导弹。通俗地说,它能够追踪对方雷达发射的波束并对雷达进行火力摧毁。

反坦克导弹

反坦克导弹是指用于击毁坦克和其他装甲目标的导弹,具有体积小、重量轻、命中精度高、射程远、威力大和机动性强等优点。战斗部采用聚能破甲,可穿透1400毫米厚装甲,有效地摧毁各种坦克和装甲车辆。

美国"狱火"反坦克导弹

"狱火"导弹是美国于1970年开始研制的一种重型远程反直升机和反坦克两用导弹,主要用于攻击空中直升机和地面坦克、装甲目标。该型导弹的战斗部为聚能破甲战斗部。

前苏联"铜号"反坦克导弹

美国"狱火"反坦克导弹

非常规武器

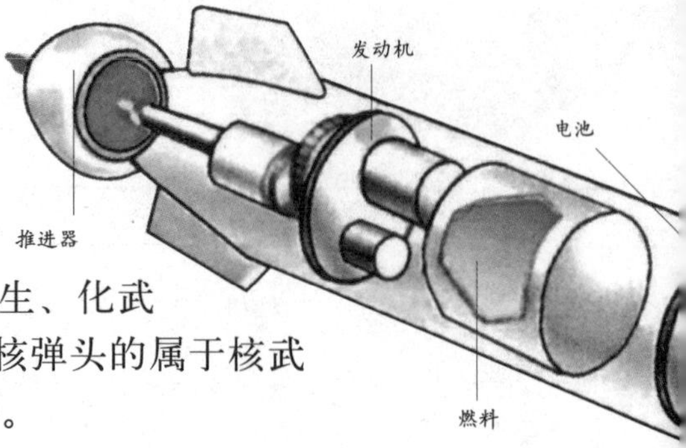

人们习惯把轻武器、火炮、弹药、飞机、坦克、军舰等称为常规武器，而把核武器、生物武器、化学武器称为核、生、化武器。导弹不带核弹头的属于常规武器，带核弹头的属于核武器。这些核、生、化武器统称为非常规武器。

核武器

核武器是利用原子核反应产生的各种效应起杀伤和破坏作用的一种大规模杀伤性武器。核武器在爆炸的瞬间能产生强烈的冲击波、光辐射、早期核辐射和核电磁脉冲等杀伤破坏效应，其作用比常规化学炸药的能量要大数千万倍，其威力统以TNT当量来表示。核武器由战斗部、推进器、燃烧室、发动机、燃料、电池、电子设备、搜索雷达、信号接收机等几部分组成。其中战斗部是核武器的爆炸装置，发动机为核武器飞行提供动力支持。

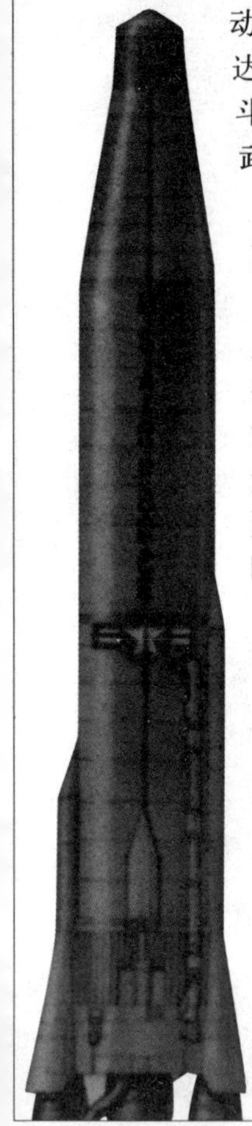

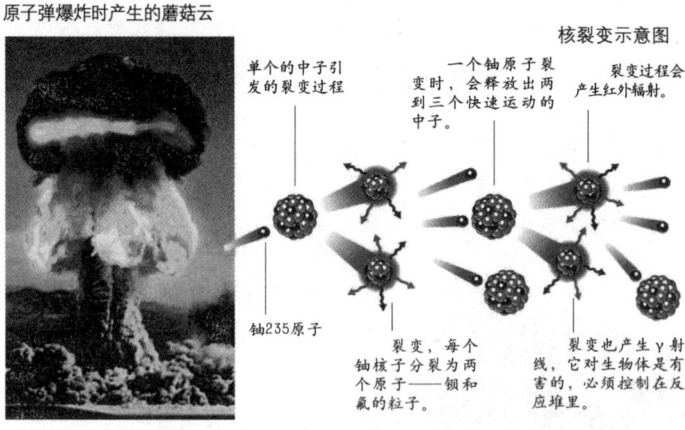

原子弹

原子弹利用易裂变的重原子核链式反应瞬间释放出的巨大能量，来达到杀伤破坏的目的。其主要由核装料构成的核部件、引爆控制系统、炸药部件、核点火部件和外壳等组成。原子弹由引爆按制系统引爆炸药，然后推动、压缩中子反射层和核装料，使处于次临界状态的核装料瞬间达到超临界状态，再由核点火部件适时提供中子，触发链式裂变反应，形成猛烈爆炸。

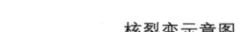

氢弹

氢弹是利用重原子核裂变反应提供的能量，使氘、氚等轻核产生聚变反应，瞬时释放出巨大能量而起杀伤破坏作用的武器。氢弹由引爆用的原子弹、热核装药、外壳等组成。氘、氚原子核能产生聚变反应的先决条件是需几千万度的高温。原子弹在氢弹中起着"扳机"和点火器的作用。引爆弹爆炸时产生数千万度以上的高温，使热核装药形成更猛烈的爆炸，威力可达几十兆吨TNT当量。

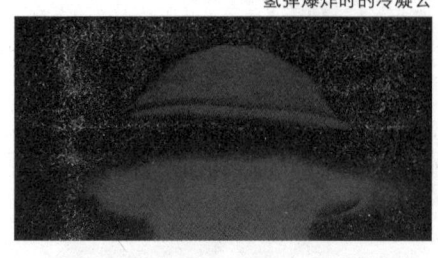

中子弹

中子弹是以高能中子辐射为主要杀伤因素的低当量小型核弹。中子弹的核辐射效应比其他核武器大大增强，又称"增强辐射武器"。强辐射与低当量是中子弹的两大特点。利用氘、氚原子核的聚变反应，中子弹能够增加穿透力很强的高能中子的辐射强度，有效地杀伤坦克和地面建筑物中的人员，大幅度减少对武器装备或建筑物的破坏。

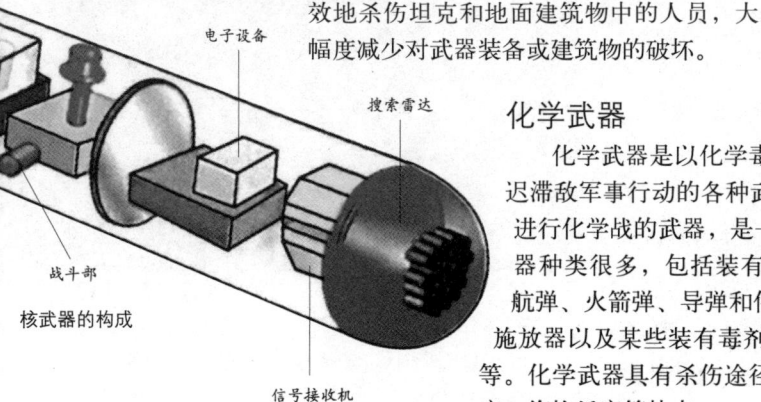

美国"潘兴"导弹可以携带中子弹头。

核武器的构成（电子设备、搜索雷达、战斗部、信号接收机）

化学武器

化学武器是以化学毒剂杀伤、疲惫敌有生力量及迟滞敌军事行动的各种武器器材的总称。化学武器是进行化学战的武器，是一种规模毁灭性武器。化学武器种类很多，包括装有各种化学毒剂的化学炮弹、航弹、火箭弹、导弹和化学地雷、飞机布洒器、毒烟施放器以及某些装有毒剂前体的二元化学炮弹、航弹等。化学武器具有杀伤途径多、持续时间长、杀伤范围广、价格低廉等特点。

幻觉武器

幻觉武器是运用全息投影技术从空间站向云端或战场上的特定空间投射有关影像、标语、口号的一种激光装置。它的作用是从心理上骚扰、恫吓和瓦解敌军，使之恐惧厌战，继而放弃武器逃离战场。

生物武器

生物武器旧称细菌武器，它是以生物战剂杀伤有生力量和破坏植物生长的各种武器、器材的总称。生物武器包括装有生物战剂的炮弹、航空炸弹、火箭弹、导弹和航空布洒器、喷雾器等。生物武器可使人畜发病或死亡，也可大规模毁伤农作物，从而削弱对方战斗力及战争潜力。生物战剂分为细菌类、病毒类、立克体类、衣原体类、毒素类、真菌类6大类。

一个全副武装的士兵正在制造化学武器。

三个头戴防毒面具的士兵

小资料

广岛大灾难

1945年8月6日，美空军上校蒂贝茨把一枚叫"小男孩"的原子弹投放到日本广岛上空。原子弹在距地面600米处爆炸。广岛顿时成为一片废墟，当天就死亡7.8万人。

陆军

陆军自古以来一直是军队的主要组成部分。现代陆军主要由步兵、炮兵、装甲兵、雷达兵、通信兵、防化兵、工程兵、陆军防空兵、陆军航空兵、地空导弹兵、电子对抗兵等组成，主要装备有步兵武器、汽车、坦克、装甲车、火炮、导弹、直升飞机和各种技术器材。现代陆军是一个多兵种、多系统和多层次有机结合的整体，具有强大的火力、突击力和高度的机动能力。既能独立作战，又能与其他军种联合作战。

正在训练的美军步兵

步兵

步兵是陆军中徒步或搭乘汽车、装甲输送车、步兵战车实施机动和作战的兵种，主要装备有步枪、机枪、火箭筒、轻型火炮、反坦克导弹、防空火器、汽车、装甲输送车和步兵战车。步兵是陆军中人数最多的兵种，既能独立执行作战任务，又可以在其他军、兵协同下进行合成作战。

炮兵

炮兵是以火炮、火箭炮和战役战术导弹为基本装备，执行地面火力突击任务的兵种，是陆军的重要组成部分和主要火力突击力量，具有强大的火力、较远的射程、良好的精度和较高的机动能力，能集中、突然、连续地对地面和水面目标实施火力突击。炮兵主要用于支援、掩护步兵和装甲兵的战斗行动，并与其他兵种、军种协同作战，也可独立进行火力战斗。

炮兵进行火炮演练。

装甲兵

装甲兵也称"坦克兵"，由坦克(装甲)集团军、师、旅、团、营、连等组成。在编成上还编有装甲步兵、炮兵、反坦克导弹、防空、防化、工程及其他勤务保障部队(分队)。装甲兵具有快速的突击力、强大的火力和较好的防护力，可减轻常规武器与核武器的损伤，并能迅速利用火力突击效果实施地面突击，在协同战斗中通常执行机动作战任务。

装甲兵正在进行训练。

海军

海军是以舰艇部队为主体，在海上作战的军种，由海军陆战队、潜艇、水面舰艇、海军航空兵、海军岸防兵等兵种及各专业勤务部队组成。其主要任务是消灭敌方海上兵力，夺取和掌握制海权；袭击敌方和保卫己方基地、港口和沿海重要目标；对敌方进行战略袭击；破坏敌方和保护己方海上交通线；进行海上封锁、反封锁等。其主要装备有航空母舰、战列舰、巡洋舰、驱逐舰、潜艇、运输舰等和勤务保障舰艇。

美国海军陆战队进行登陆进攻演习。

海军陆战队

海军陆战队由陆战队步兵、炮兵、装甲兵、工程兵等部队组成，有的也编有航空兵。其主要装备有登陆工具和适于登陆作战的武器装备及技术保障器材等，如两栖作战舰、两栖攻击舰、两栖运输舰、登陆舰、登陆艇等。任务是独立登陆作战或配合陆军实施渡海登陆作战，夺取、巩固登陆场，保障后续部队登陆；进行反登陆，消灭登陆之敌。在协同陆军实施登陆时，通常担任登陆队先遣队，首先突击上陆。

海军陆战队士兵正在训练。

潜艇部队

潜艇部队有战备导弹舰队和攻击潜艇部队两种，主要任务是攻击、消灭敌方大、中型水面战斗舰艇以及潜艇和运输船；对敌方纵深目标实施战略袭击；攻击、破坏敌方基地、港口；破袭敌方海上交通线以及实施海上侦察、巡逻、布雷、输送人员或物资等。潜艇于20世纪初出现，在两次世界大战中，都有潜艇部队的交战。各国海军潜艇部队的编成通常有两种基本形式：一种是以装备性能相同的潜艇编组；一种是根据任务或作战需要编组。

潜艇已成为战争中重要的突击和威慑力量。

水面舰艇部队

水面舰艇部队有水面战斗舰队部队和勤务舰船部队两种。任务是攻击、消灭敌方水面舰船；搜索、攻击、消灭敌方水面舰船；搜索、攻击敌方潜艇；袭击、破坏敌方基地、港口和岸上目标；进行海上破袭与反破袭战；进行海上封锁和反封锁作战；参加登陆和抗登陆作战；进行海上侦察、巡逻、警戒、护航、补给、工程保障等。

空军

空军是由空降兵、各种航空兵及保障部队等组成的空中作战的军种，装备有战斗机、轰炸机、强击机、侦察机、运输机、直升机及其作战支援飞机，具有远程作战、高速机动和猛烈突击的能力。它担负着国土防空和支援陆军、海军作战，对敌人后方实施空中打击，并负责空运和航空侦察等任务。

美军歼击航空兵驾机执行战斗任务。

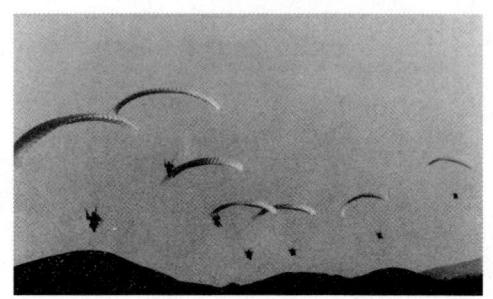

空降兵

空降兵又称伞兵，由步兵、装甲兵、炮兵、工程兵、通信兵等部队组成。其主要作战程序是"空降——夺取——坚守——会合"，即以空降形式夺取并坚守敌纵深内的重要目标或地域，接应会合己方正面部队，达到破坏敌方指挥机构、交通枢纽、导弹、核武器等设施的目的。现代空降兵逐渐与陆军其他兵种混合编织，形成空地一体的快速反应部队。空降部队的大型运输机可以载运坦克、装甲战车和其他重型武器装备，使得突击力和火力大为提高。

空降兵正在进行实战演练。

空军航空兵

空军航空兵是在空中运用各种军用飞机执行作战任务的空军兵种，是空军的主要作战力量，包括歼击航空兵、强击航空兵、运输航空兵、侦察航空兵、轰炸航空兵等。

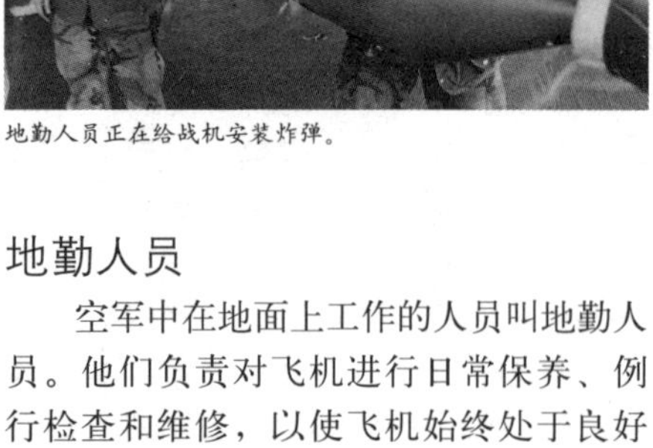

空军航空兵正在登机。

地勤人员正在给战机安装炸弹。

地勤人员

空军中在地面上工作的人员叫地勤人员。他们负责对飞机进行日常保养、例行检查和维修，以使飞机始终处于良好状态。

[第六章]

Part6

文学艺术

文学是人类社会文明的产物。随着社会的发展，人类的文明产生了诗歌、小说等一系列辉煌的文化产物。艺术是人们现实生活与精神世界的反映，它可以表达人们特殊的情绪或思想。艺术作为一种社会意识形态，主要用于满足人们的审美需求，对人类社会生活，尤其是精神生活起着陶冶和净化的作用。艺术的范围极其广泛，舞蹈、音乐、绘画、戏剧、电影、电视、雕塑、建筑等都是艺术的表现形式。

语言文字

语言的作用是传达思想、创作故事和诗歌，以及解释各种事物等。文字则是人类将思想、语言等写下来的一种符号。当我们与别人交往时，语言会随着时间而被遗忘，但若有文字的记载，就可以保存很久。作为传承文明的一种重要手段，文字早在5000多年前就已经出现，通过遗留下来的文字，我们可以了解数千年前人类的语言、思想和经历。由此可以预知，通过文字，我们的想法和经历也会世世代代流传下去。

语言是人们日常生活的重要交流手段。

语言

语言是人们用以表达思想和相互沟通而由声音和手势构成的系统。没有人确切知道世界上有多少种语言，但可以肯定的是远远超过了4000种，仅在非洲就有大约1300种语言，而在欧洲有30多种主要的语言在使用。

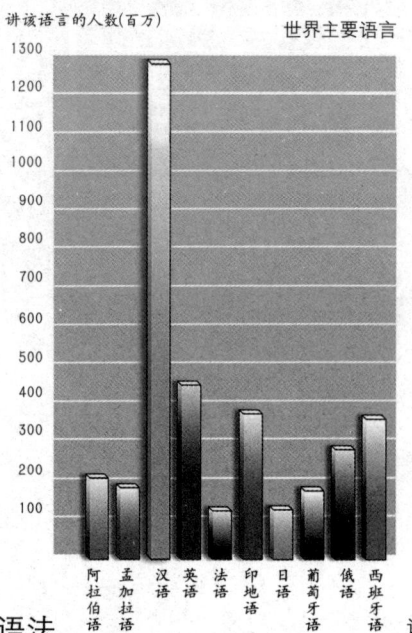

世界主要语言
讲该语言的人数(百万)
阿拉伯语、孟加拉语、汉语、英语、法语、印地语、日语、葡萄牙语、俄语、西班牙语

世界上的常用语言

左边这幅各种语言使用的比例图，显示出英语、汉语等几种语言的分布优势。汉语是世界上使用人口最多的语言，而英语则是使用地区最广的语言。

手语

人们会说话和有听觉，才可能使用语言。那些讲话和听觉有困难的人，就不能使用口说的语言了，他们用手势来进行沟通。

聋哑人之间通过手语进行对话。

语法

语法是我们为了说明某件事而对语言结构进行组织的方法。以英语为例，如果你要别人理解你所说的意思，你就必须使用正确的词类并把这些词按正确的顺序放在一起。单词可以分成很多种类，我们称之为词类。最重要的词类是名词、动词和形容词。

语法成分

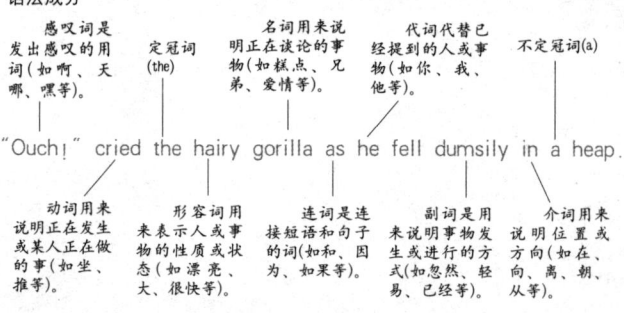

感叹词是发出感叹的词(如啊、天哪、嘿等)。
定冠词(the)
名词用来说明正在谈论的事物(如桌子、兄弟、爱情等)。
代词代替已经提到的人或事物(如你、我、他等)。
不定冠词(a)

"Ouch!" cried the hairy gorilla as he fell dumsily in a heap.

动词用来说明正在发生或某人正在做的事(如坐、推等)。
形容词用来表示人或事物的性质或状态(如漂亮、大、很快等)。
连词是连接短语和句子的词(如和、因为、如果等)。
副词是用来说明事物发生或进行的方式(如忽然、轻易、已经等)。
介词用来说明位置或方向(如在、向、离、朝、从等)。

文字的起源

在原始社会，人们将发现猎物的所在地、祈祷的记号等，用图画表现出来告诉其他人，这些图画渐渐地发展成文字。5000～6000年前的文字是用图画连贯起来的绘画文字，因为每一字都必须画个图案，相当麻烦，所以渐渐地被省略，最终演变成今天的文字。

楔形文字

古印度文字

楔形文字和象形文字

5500年前，美索不达米亚的苏美尔人创造出了最早的文字——楔形文字。这种文字是用硬笔在软泥板上压刻出来的，它得名于用特殊的书写方法形成的一头粗、一头细的形状，像楔子或钉子的笔画。大约公元前3100年，象形文字开始出现。象形文字是一种以图像表达意思的文字，有别于我们常用的文字。在各种象形文字中，以埃及人发明的一种最为著名，不过其他民族也有使用象形文字的。

汉字的演变

汉字最初是模仿物体的外形而绘成的文字，因而称为象形文字。将这些象形文字组合之后，又可形成新的文字。

古埃及象形文字

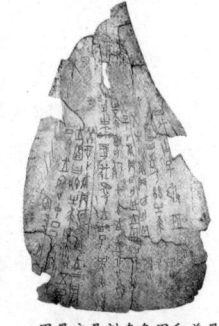

甲骨文是刻在龟甲和兽骨上的文字，历史极为悠久。

中国文字的起源

中国文字又称汉字。传说距今5000年前，有一位名叫仓颉的人，他看了鸟、兽的足迹之后，想出了中国文字的写法。现在我们所了解的最古老的中国文字，是3100～3400年前的甲骨文。

汉字的演变历程

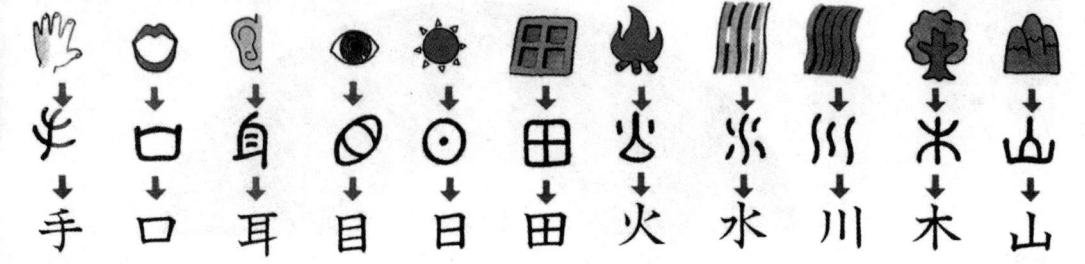

腓尼基字母

腓尼基人在公元前15世纪创造了字母表。他们借助埃及的象形文字图案，简化了苏美尔人的楔形文字，以牺牲旧有字的优美外形为代价，追求书写的速度和效率，将数千个不同的文字图案简化成短小而方便的22个字母，即腓尼基字母。后来，腓尼基字母传入希腊产生了希腊字母，成为欧洲各种字母的共同来源。

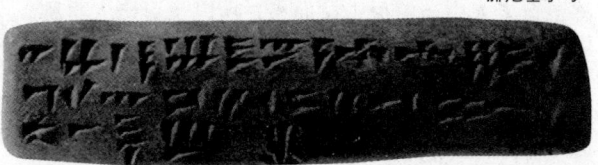

腓尼基字母

神话与传说

许多神话都要讲到神,以及具有魔法和可怕力量的怪物、巨人和龙等。传说常常也像神话一样,但是传说是基于真人或真实地点的故事,人们讲述和转述时进行了夸张。传说通常讲述的是冒险故事,特别是有才能、有勇气、有智慧的人物的冒险经历。

创世纪的神话

许多神话都讲,这个世界及所有的生物是一下子被创造出来的。关于人类和世界起源的神话,各国都有。

上帝创世神话

犹太人认为,世界是上帝创造的。上帝花了七天的时间,创造了人类、花草、树木、水、山等自然界的万物。后人常常将上帝创造世界的形象画成手执圆规的建筑师模样。

上帝创世神话

中国创世神话

中国神话中,盘古开天辟地,伏羲、女娲创造了人类。他们是华夏文明的始祖。

伏羲
女娲
盘古

中国创世神话

希腊神话

古希腊人把许多自然现象理解为神力的作用,借助想像赋予各种自然力以人的形象,从而产生了各种自然神(如日、月、海、雷神等)和各种关于神的故事。希腊神话中有12位男神和女神,他们分别掌管着希腊人生活的不同方面。

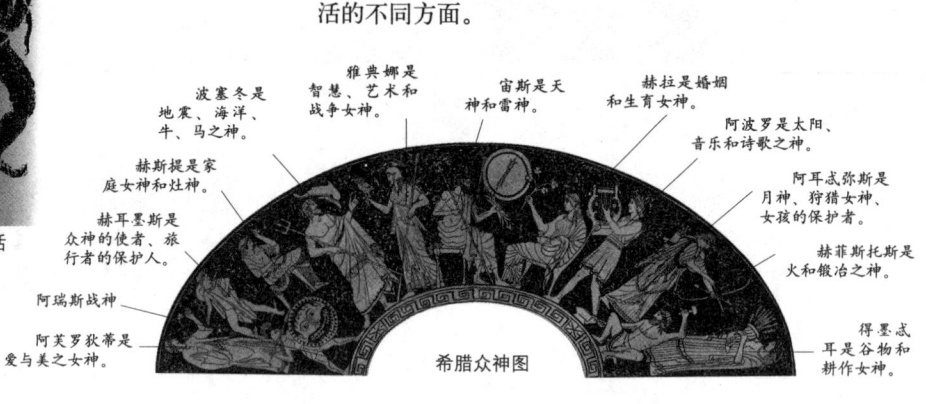

波塞冬是地震、海洋、牛、马之神。
雅典娜是智慧、艺术和战争女神。
宙斯是天神和雷神。
赫拉是婚姻和生育女神。
阿波罗是太阳、音乐和诗歌之神。
赫斯提是家庭女神和灶神。
赫耳墨斯是众神的使者、旅行者的保护人。
阿耳忒弥斯是月神、狩猎女神、女孩的保护者。
赫菲斯托斯是火和锻冶之神。
阿瑞斯战神
阿芙罗狄蒂是爱与美之女神。
得墨忒耳是谷物和耕作女神。

希腊众神图

传说

许多传说其实是流传很广的民间故事,例如,圣诞老人的传说在数千年前的斯堪的纳维亚半岛就出现了。据传说,圣诞老人为奥丁神后裔。也有传说称圣诞老人由圣·尼古拉而来,所以圣诞老人也称St.Nicholas。每年圣诞节,圣诞老人骑在白羊星座上,圣童手持圣诞树降临人间。随着世事变迁,作家和艺术家开始把圣诞老人描述成我们今日熟悉的着红装、留白胡子的形象。

19世纪60年代,卡通制作者托马斯·奈森画了一幅胖胖的、慈祥的圣诞老人像作为《Harper的一周》的插图。随着时间的推移,圣诞老人的形象传到欧洲,传到南美洲,传遍世界各地。

外国文学

文学作为一种表达作者思想感情，反映社会生活的语言艺术，在世界各地都有着悠久的历史和广泛的基础。外国文学是对除我国以外的世界各国文学的统称，外国文学中的荷马史诗、《神曲》等大批文学艺术精品以及雨果、歌德、巴尔扎克等大批外国文学名家，都是我们应该熟悉和了解的。外国文学同中国文学一样，是全人类的不可缺少的精神财富。

《伊索寓言》之《龟兔赛跑》插图

寓言与童话

寓言和童话有很多相似之处：它们的故事都是假托的、创造的，都可以采用各种生物或非生物来充当故事的角色。寓言的篇幅一般较为短小，结构单纯，语言朴素，幻想程度较低。童话的结构比较曲折，能细致地刻画人物形象，幻想也比寓言更加奇特。寓言和童话所描写的内容适合于儿童心理。至今，世界上仍流传着许许多多家喻户晓的寓言和童话，为广大读者所喜爱。

《伊索寓言》

《伊索寓言》相传为公元前6世纪古希腊奴隶伊索所编。现在流传的《伊索寓言》是由后人根据大量的希腊寓言和其他寓言编纂成集的，是世界上最古老的寓言。其中，不仅有古希腊民间流传的讽喻故事，还有印度、阿拉伯和基督教故事，共300多篇，大多是动物故事。这些故事既反映了古代劳动人民的思想、感情与见解，也表现了古希腊社会的阶级对立关系，在欧洲文学史上占有显著位置，有广泛的世界影响。

《安徒生童话》

安徒生的童话著作较多，这是他的作品在童话宝库中最为著名的原因之一。安徒生一生共创作了160多篇童话作品。1835年底，他写的第一部童话集《讲给孩子们听的故事》发表了，这是他送给青少年的新年礼物。此后，他几乎每年都要出版一部童话故事集。安徒生童话在世界各地广为流传，其中最著名的有《卖火柴的小女孩》《皇帝的新装》《丑小鸭》等。

《格林童话》中的很多故事都很有名，如《白雪公主》。

安徒生是世界上最著名的童话作家之一。他的童话故事对穷人的悲惨生活倾注了同情，赞美了他们的纯洁和善良。

《格林童话》

《格林童话》是世界童话王国的奇观，由德国的雅各·格林和威廉·格林兄弟根据民间口述材料改写而成。作品的主要内容是颂扬勤劳和诚实，鄙弃懒惰和自私，鼓励对暴力和邪恶的反抗，激发对被压迫者的同情和爱护。书中的200多个故事，大部分源自民间的口头传说，因而比较准确地反映了当时人民的思想感情。其中的《灰姑娘》《白雪公主》等童话故事，脍炙人口。作品问世100多年来，已被译成70多种文字，在世界各国广为流传。

史诗

史诗是一种古老的、宏伟的文学体裁,在人类文化史上具有划时代的意义。早在古希腊、古罗马时期,史诗便已达到了前所未有的辉煌。史诗中最杰出的作品当属古希腊人荷马所著的《伊利亚特》和《奥德赛》。

"荷马史诗"

荷马相传为古希腊两部著名史诗《伊利亚特》和《奥德赛》的作者,因此,人们称这两部史诗为"荷马史诗"。"荷马史诗"以公元前12世纪初发生的特洛伊战争为背景。《伊利亚特》记述了这场战争最后51天中发生的故事,写阿基琉斯抛弃个人恩怨,重上战场,使希腊联军反败为胜的过程。《奥德赛》主要写奥德修斯在海上的10年漂游经历。"荷马史诗"是在民间口头文学基础上形成的,它保存了远古文化的真实和自然,具有高度艺术水平。

在荷马史诗《伊利亚特》里,作为女战神的雅典娜激励希腊英雄,并且同他们一起战斗。

诗歌

诗歌讲究音韵的和谐,饱含丰富的想像和热烈的感情。西方诗歌的特点与中国诗歌有着显著的不同,它更讲求内心细腻感情的抒发,形式上也没有太多的条框束缚。到了近代,西方诗歌自由不羁的风格对中国诗坛造成极大的影响。

《神曲》

《神曲》分《地狱》《炼狱》《天堂》三部。《神曲》虽以梦游三界的故事为中心,但其中的见闻大都取材于现实,因而有着强烈的现实意义。特别是第一部,反映了当时意大利的现实生活,并对意大利民族的出路作了探索。《神曲》中闪烁着但丁以理性代替神权的光辉思想。

《神曲》插图

《唐璜》

《唐璜》是拜伦的代表长诗之一。诗中表现了主人公唐璜的善良和正义以及经历的种种奇遇,描写了欧洲社会的人物百态和社会风情,画面广阔,堪称一座艺术宝库。

戏剧

西方戏剧形成于公元前6世纪,发达于公元前5世纪。由此而下,西方戏剧已有2500多年的历史,经历了古希腊罗马戏剧、中世纪戏剧、文艺复兴时期戏剧、古典主义时期戏剧、启蒙运动时期戏剧、19世纪戏剧、现代戏剧和当代戏剧等发展阶段,产生了许多不同的戏剧美学形态。

莎士比亚是英国著名诗人、剧作家。他的作品深刻而生动地反映了16—17世纪的英国现实,集中代表了整个欧洲文艺复兴的文学成就。

《哈姆雷特》

《哈姆雷特》这部悲剧作品,通过对丹麦王子哈姆雷特为父复仇而遭毁灭的故事的描写,揭示了人文主义理想与英国黑暗现实之间不可调和的矛盾,是一曲悲壮的资产阶级人文主义的颂歌。在莎士比亚的所有作品中,《哈姆雷特》《奥赛罗》《李尔王》《罗密欧与朱丽叶》被称为四大悲剧,代表了其最高艺术成就。

拜伦是英国杰出的诗人,也是欧洲浪漫主义文学的重要代表作家之一。他的诗歌以辛辣的社会讽刺和批评及对自由、民主的讴歌,极大地鼓舞了欧洲的民族民主运动,在世界各国的革命志士心中引起了强烈共鸣。

《钦差大臣》

俄国著名作家果戈理的代表作《钦差大臣》是俄国戏剧史上的里程碑。它一反当时流行的小闹剧，使戏剧转向反映重大社会问题，为俄国现实主义戏剧的发展开辟了道路。《钦差大臣》以现实主义手法，深刻而无情地揭露了官僚集团恣意横行、违法乱纪的丑恶面貌，获得了惊人的成功。

果戈理的作品与普希金的创作相配合，奠定了19世纪俄国批判现实主义的基础。

小说

19世纪俄国文艺理论家别林斯基曾经提出过这样一个问题："什么书传诵得最多，销得最广呢？"他认为是小说。小说是表现人的艺术，它竭力写出那些"熟悉的陌生人"，有曲折、动人的故事情节；是时代的画卷，能从各个方面反映社会面貌，成为生活的"百科全书"，因而拥有众多读者。西方小说的发展极为完善，拥有许多优秀的小说作品和小说作家，是世界文学宝库中色彩极为绚丽斑斓的重要组成部分。

《钦差大臣》插图

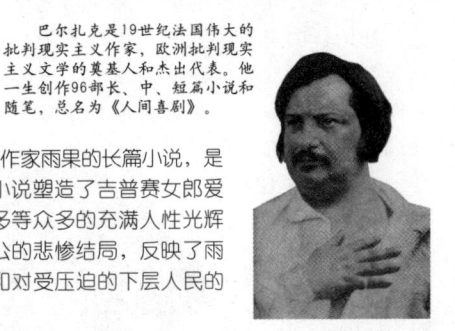

巴尔扎克是19世纪法国伟大的批判现实主义作家，欧洲批判现实主义文学的奠基人和杰出代表。他一生创作96部长、中、短篇小说和随笔，总名为《人间喜剧》。

《巴黎圣母院》

《巴黎圣母院》是法国作家雨果的长篇小说，是浪漫主义小说的代表作。小说塑造了吉普赛女郎爱丝米拉达、敲钟人卡西莫多等众多的充满人性光辉的人物形象。小说中主人公的悲惨结局，反映了雨果对封建统治阶级的憎恨和对受压迫的下层人民的同情。

《人间喜剧》

法国19世纪批判现实主义文学的伟大代表巴尔扎克，一生留下了很多杰出的作品。他的《人间喜剧》更是因展示了19世纪前期整个法国的社会生活而被誉为"社会百科全书"。全书由91部小说组成，共写了2400多个人物。作为一部生动、形象的法国社会史，特别是巴黎上流社会的现实主义历史的《人间喜剧》，描写出了在资产阶级金钱势力的逼攻下封建贵族一步步地衰亡，而资产阶级靠着压榨劳动人民发迹的肮脏历史。

《老人与海》

《老人与海》发表于1952年，一面世即产生了巨大影响；同时也被公认为是海明威最重要的代表作之一。作者的创作才华和艺术天赋在这部作品中再次得到了充分的展示。《老人与海》反映了海明威一贯的主题思想：即一个人可能被消灭，但决不能被打败。主人公桑提亚哥在同马林鱼和鲨鱼的搏斗中表现出了坚忍不拔的精神，他制服了前者，而输给了后者。但在失败面前，他不失尊严，毫不气馁，勇敢地面对现实。

1954年，美国作家海明威由于"精通现代叙事艺术"而获得诺贝尔文学奖。他参加过第一次世界大战，多次身受重伤。战后，他开始通过写作小说来反映战争留给人们的心理创伤。他的小说语言非常简练、含蓄，塑造了许多硬汉形象。他写作之余与朋友们一起酗酒、冒险、滑雪、钓鱼、打猎，这成了他生活中的一个重要组成部分。

中国文学

中国文学是以汉民族文学为主干的各民族文学的共同体。中国是统一的多民族国家，各民族文学都有各自产生、繁衍和发展的过程，它们之间的相互渗透和交融，构成了中华民族文学宝库。中国文学体裁丰富，诗歌、散文、戏曲、小说、传记文学等构成了中国文学的主体。

司马迁是西汉史学家、文学家，字子长，左冯翊夏阳（今陕西韩城）人，除《史记》外，另有赋8篇，文集1卷。

史学

史学是中国文学发展道路上的一座丰碑。它成就卓越，从中国的第一部编年史巨著《春秋》开始，中国史学就一直绵延不绝，将一整幅人类历史画卷展现在后人面前。中国的史学著作体裁多种多样，史著里记载了各个时期的兴衰存亡，包含了政治、外交、军事等各方面的内容，叙事富于故事性，生动地展现了一幅幅波澜壮阔的历史画卷。

《史记》

《史记》是世界上最早的传记文学，它既是一部伟大的历史著作，又是一部伟大的纪传体文学著作。全书分为八书、十表、十二本记、三十世家、七十列传，共一百三十篇，五十二万六千五百字。时代上至黄帝，下迄汉武帝，前后达三千年之久。正如它的作者司马迁所说，《史记》是一部"究天人之际，通古今之变，成一家之言"的巨著。"史家之绝唱，无韵之离骚"是后人对它的赞誉。《史记》开创了中国纪传体通史的历史学和历史传记文学。它是一部具有强烈人民性的、斗争性的传记文学名著。

《史记》书影

诗歌

诗歌是最古老的文学样式之一。在我国古代，不合乐的称为诗，合乐的称为歌。诗歌分行排列。诗歌最根本的特征是通过抒发强烈的感情来反映生活。它要求高度的艺术概括、丰富的艺术想象、鲜明的音乐性和形象化的语言。到了近现代，诗歌受西方浪漫主义意识的影响，不再拘泥于格式，感情得到更加淋漓的发挥。

《诗经》

《诗经》是中国最早的诗歌总集。它共收入了从西周初年(公元前11世纪)到春秋中叶(公元前6世纪)大约500多年的诗歌305篇，所以又叫《诗三百》。《诗经》分风、雅、颂三部分。

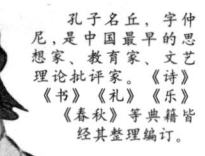

孔子名丘，字仲尼，是中国最早的思想家、教育家、文艺理论批评家。《诗》《书》《礼》《乐》《春秋》等典籍皆经其整理编订。

唐诗

唐诗是我国古典诗歌发展的高峰，而唐诗的高峰出现在盛唐和中唐。盛唐为开元、天宝年间，以李白、杜甫为代表。中唐为贞元、元和年间，以韩愈、白居易为代表。

李白是中国文学史上继屈原之后又一伟大的浪漫主义诗人，被后人称作"诗仙"。

白居易主张"文章合为时而著，歌诗合为事而作"，是唐代新乐府运动的主要领导者。

宋词

宋词始于唐，兴于五代，盛于两宋，故称宋词。宋词数量巨大，《全宋词》共收录词人1330多人，作品19900多首。宋代词人创作风格各异，主要分为婉约派和豪放派两大流派。婉约派因其词委婉柔美而得名，代表人物柳永、李清照。豪放派词风豪迈奔放，代表词人有苏轼、陆游、辛弃疾。另有周邦彦、姜夔等词人所作的辞藻工丽、音律典雅的格律词，在宋词中亦占有一隅之地。

苏轼是宋代著名文学家。他对文学创作倾注了毕生精力，诗、散文、词等方面都取得了独到的成就。

《窦娥冤》

《窦娥冤》是我国元代戏剧大家关汉卿的代表作之一，写一个弱小无靠的寡妇窦娥，在贪官的迫害下，被诬为"药死公公"的罪名，并斩首示众。窦娥的冤案有巨大的社会意义，作家提出了封建社会里"官吏们无心正法，使百姓有口难言"的问题，控诉了社会的黑暗。"地也，你不分好歹何为地？天也，你错勘贤愚枉做天！"窦娥的哭诉把这场悲剧升华到一个新的高度。

《雷雨》

《雷雨》是现代剧作家曹禺的处女作和成名作。它通过周、鲁两个家庭，八个人物，前后30年间复杂的纠葛，写出了封建旧家庭的悲剧和罪恶。剧作情节曲折生动，戏剧冲突尖锐、复杂，结构自然紧凑，人物性格鲜明、突出，语言简练精确，富有动作性。

曹禺是著名剧作家，原名万家宝，祖籍湖北潜江，生于天津。曹禺是中国话剧事业的奠基人，许多剧作都成为话剧的经典，如《雷雨》《日出》《原野》《北京人》《王昭君》等。

四大名著

元末明初出现了长篇白话小说，最著名的有罗贯中的《三国演义》和施耐庵的《水浒传》。此后，长篇小说经过曲折的发展，出现了两次高峰。第一次在明代，以《西游记》为代表；第二次在清代雍正、乾隆年间，以《儒林外史》和《红楼梦》为代表。人们常说的四大名著，指《三国演义》《水浒传》《西游记》《红楼梦》。

电视剧《西游记》中的镜头

戏剧

戏剧是一种综合的舞台艺术。我们这里讲的戏剧实际上是剧本。戏剧是与小说、诗歌、散文并列的一种文学体裁。戏剧的特点是人物、情节、时间、地点高度集中，通过矛盾冲突，推动情节发展；语言更口语化、性格化。中国戏剧主要包括戏曲和话剧。戏曲在元代已成熟，话剧则是20世纪引进的西方戏剧形式。

关汉卿是中国伟大的戏剧家、散曲家，号已斋叟，大都(今北京)人。他不仅创作剧本，而且通晓音律，登台演出，一生所著戏剧达60多种，流传至今的有18种，代表作有《窦娥冤》《救风尘》《单刀会》等。

小说

小说是文学体裁的一种。中国小说到了唐代才正式产生。小说的基本特征是通过对情节、人物和环境的具体描绘，广泛地、多方面地反映社会生活。小说按题材的时代分，有历史小说、现代小说等；按题材的内容分，有战争小说、科幻小说等；按语言形式分，有白话小说、文言小说等。我国的小说历史积淀久远，有许多的作品和人物形象成为中国乃至世界文学史上的瑰宝。

《狂人日记》

1918年5月，鲁迅在《新青年》杂志上发表了《狂人日记》，这是中国现代文学史上第一篇白话小说。这篇小说奠定了新文化运动的基石，鲁迅从此开始了他以笔为枪向社会恶势力进攻的战斗历程。

鲁迅原名周树人，字豫才，鲁迅是他1918年为《新青年》杂志写稿时开始使用的笔名。鲁迅是中国现代文学的奠基人，伟大的革命家、思想家、文学家。

舞蹈

人类在没有文字以前，就已经有了舞蹈这种艺术形式。舞蹈是一种综合性的艺术，它以经过提炼、组织和艺术加工的人体动作为主要表现手段，表达人的思想感情，反映社会生活。舞蹈源于人类的生产劳动，经历了从巫术舞、宫廷舞、社交舞到表演性和群众性舞蹈的漫长发展过程。舞蹈形象具有可视性、流动性和审美性的特点。

民族舞

民族舞来源于生活（如祭祀、聚会、择偶、婚丧等活动），具有丰富的内涵。民族舞的动作一般比较单纯，规范性不强，用于群众自娱活动。多数民族舞带有即兴性质，舞蹈风格相对稳定，一般在本民族居住地范围内流传。

白族舞蹈家杨丽萍自编自导自演了中国民族舞——《雀之灵》。

原始部落舞蹈

在原始部落里，人们经常用跳舞来表达感情和祝福。无论是生育、求雨、播种、收获，还是出征、胜利归来、疾病、死亡，都要举行集体跳舞活动。后来，每个部落都出现了自己部落的象征和图腾舞蹈，如北美印第安部落跳的野牛舞、大洋洲土著人跳的蛇舞等。

芭蕾舞

在欧洲民间舞蹈基础上，经过几个世纪的发展而形成的芭蕾舞是欧洲古典舞的代表。芭蕾舞萌芽于文艺复兴时代的意大利。17世纪进入法国宫廷后渐趋成熟，19世纪定型。芭蕾舞以女演员用脚尖跳舞为重要特征，以五种基本脚位为基本舞蹈语汇，并以外开、伸展和绷直为风格特点，以独舞、双人舞和群舞为主要表现形式。芭蕾舞被认为是衡量一个国家舞蹈水平的标志。

芭蕾舞

现代舞

现代舞之母——邓肯

20世纪初，现代舞在古典芭蕾的基础上创新发展起来。现代舞特别追求突破古典芭蕾艺术的固定模式，允许舞蹈家以个性化的眼光观察事物并做抽象的自由表现。美国女舞蹈家邓肯是现代舞的创始人，之后经过一代代现代舞艺术家不断地探索创新，出现了很多现代舞的流派，包括新先锋派、象征派等。

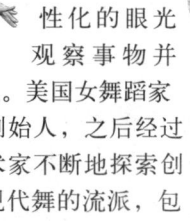

民间舞蹈

所谓民间舞蹈，指的是在人民群众中广泛流行，具有鲜明的民族风格和地方特色的传统舞蹈形式。民间舞蹈反映人民的劳动、斗争、交际及爱情生活。自娱性、即时性、稳定性是民间舞蹈的共同特性。民间舞蹈是专业舞蹈创作的基础。各国封建社会的宫廷舞蹈和各民族的古典舞蹈都和民间舞蹈有不可分割的联系。

交际舞

交际舞是一种自娱性的社会舞蹈，自20世纪开始风行于全世界。它简单、流畅、易学，没有严格的技术要求，却有着强烈的感染力。交际舞的基本舞步有："布鲁斯"（慢四步）、"福克斯"（快四步或"狐步舞"）、"华尔兹"（也称"三步舞"），这些舞步大多是在民间舞的基础上逐渐丰富发展的，充满热情和活力。

民间舞蹈

踢踏舞

踢踏舞的英文名称是"TAP DANCE"，"TAP"是拍打、扣击的意思。踢踏舞的正式形成是在20世纪20年代的美国。在这之前，爱尔兰移民和非洲奴隶把各自的民间舞蹈带到了这块移民大陆上，这些民间舞蹈逐步融合形成了新的舞蹈形式——踢踏舞。踢踏舞历经近百年的发展形成了不同的风格，最主要的两大分支就是爱尔兰风格的踢踏舞和美国风格的踢踏舞。踢踏舞者不重视身体的舞姿，而是炫耀脚打击节奏的复杂技巧。

华尔兹

探戈

探戈起源于非洲，20世纪传入欧洲，有4/1和4/4拍。探戈的舞步多为滑步，而且动作变化颇多，伴奏音乐节奏鲜明。探戈现已是国际标准舞中的重要舞种。阿根廷探戈是阿根廷的一种舞会舞蹈，风格含蓄、洒脱，舞姿具有表现力，必须是男女二人交臂而舞，以男子为主导，引领女子的舞步变化。舞蹈没有一定的程序，可即兴发挥创作动作的花样。

探戈舞姿

迪斯科

迪斯科是当今流行于世界，并为不少青少年喜爱的一种舞蹈。迪斯科（Disco）原意是圆盘唱片，引申为用唱片音乐伴奏的舞会。它兴起于20世纪70年代美国小城镇黑人聚居区和拉丁美洲下层社会。迪斯科自娱性、即兴性很强，形式自由，适于发挥舞蹈者的个性，既可以单人跳，也可以双人或集体跳。舞蹈者大多没有过多的身体接触，而以动作的默契配合自娱或交流。

跳迪斯科是青少年很喜欢的娱乐活动。

音乐

世界每天都在变，音乐的种类也在不断衍生变化，在我们接触过的音乐中，有古典音乐、流行音乐、爵士音乐等。音乐家精心地把各种声音组成规律、悦耳的形式让每个人都能欣赏。音符是所有音乐的起点。大部分的音乐是用音符组成音阶。音阶是一系列的音符，它们音高的递增是有规则并且渐进的。音乐家通常循着有规律的时间间隔演奏和歌唱。我们把这些有规律的音符形式称为节奏或拍子。音乐家将音符和节奏按一定的次序演奏出来，就表现出旋律和音调。旋律是我们所听到和记得的一整段综合形式，也就是数日或数周后我们仍能哼唱的调子。

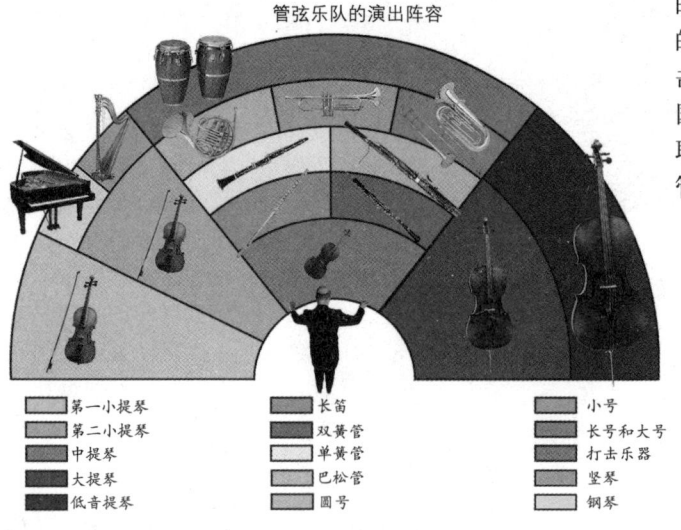

爵士乐是由黑人创作出来的。

爵士乐

爵士乐是19世纪末20世纪初在美国新奥尔良发展起来的通俗音乐。初期的爵士乐代表了同美国新奥尔良黑人音乐舞蹈相结合的粗犷豪放风格，采用非洲西部的音调和舞蹈节奏，用钢琴、打击乐进行演奏。后来，逐渐同美国南部音乐相结合，以铜管乐器取代钢琴，在演奏中突出萨克斯管、小号管等独奏乐器。

管弦乐

管弦乐由许多乐器组成。乐队中乐器的数量和种类由所演奏的乐曲的风格来定。现代管弦乐队（又称交响乐队）由四组乐器构成——弦乐器、木管乐器、铜管乐器和打击乐器。弦乐组包括小提琴、中提琴、大提琴和低音提琴，有时要加一台竖琴。木管组主要有长笛、双簧管、单簧管、巴松管和圆号。铜管组通常包括小号、长号和大号。打击乐器组主要有定音鼓，还有小军鼓、大鼓、镲（钹）、铃鼓、三角铁、锣、响板和砂锤等。乐师们通常排坐成半圆形。弦乐器排在前面，木管乐器和铜管乐器排在中间，打击乐器排在后面。指挥站在乐队的正前方，控制音乐的速度和总体音量的平衡。

管弦乐队的演出阵容

- 第一小提琴
- 第二小提琴
- 中提琴
- 大提琴
- 低音提琴
- 长笛
- 双簧管
- 单簧管
- 巴松管
- 圆号
- 小号
- 长号和大号
- 打击乐器
- 竖琴
- 钢琴

指挥

指挥依据乐谱上的拍号挥动指挥棒，在空中划出一定的轨迹来进行指挥。

军乐

军乐是军队在比武、行军、阅兵和战斗时演奏的音乐。历来世界各国都有这种用来宣扬国威、鼓舞士气、传递信号的音乐。军乐在中国历史悠久,相传黄帝曾命令岐伯作鼓吹曲以鼓舞士气,弘扬威德。近代以来,世界各国的军乐队通常由铜管乐器、木管乐器和打击乐器组成。小号和单簧管是军乐队的重要乐器。

军乐演奏

摇滚乐演出现场

摇滚乐

摇滚乐是1950年出现的一种新式的流行音乐。摇滚乐具有强烈的节拍和年轻人喜欢的歌词。这种音乐起源于美国,从传统的乐曲节奏和黑人曲调中演化出来。多年来它一直影响着很多其他的音乐形式。

乡村音乐和西部音乐

乡村音乐和西部音乐是美国西部的乡村生活的重要组成部分。这种音乐表演者通常身着西部的牛仔服,用美国南方重音演唱,并用班卓、提琴和吉他这类乐器伴奏。

电子音乐

电子音乐是电子技术和音乐艺术相结合的产物。20世纪50年代后,随着现代电子技术的发展,电子音乐随之崛起。以电子振荡为发声原理的电子琴和电子合成器不但能模仿传统乐器和自然界音响,而且能合成自然界不存在的音响。电声乐队由电子琴或电子合成器、电吉他、低音电吉他、电钢琴、打击乐器以及部分传统乐器组成,编制大大小于传统管弦乐队。

宗教音乐

音乐在宗教中占有相当重要的地位。在宗教仪式中,音乐唤起人们对上帝和神的崇敬,它陪伴着宗教歌曲和圣舞而演出。作曲家也会选用宗教题材来创作,不过却不是用在礼拜仪式上。《安魂曲》就是德国作曲家乔治·亨德尔采用圣经的部分内容创作的音乐。

小资料

音乐之最

最畅销的单曲:约翰·艾尔顿纪念黛安娜王妃的《风中之烛1997》,在37天内销售了3170万张。

最畅销的专辑,迈克·杰克逊的《战栗》在全球销售超过4500万张。

最成功的乐队:披头士可以说是全球最知名的乐队,他们的唱片估计销售达10亿张以上。

最成功的作曲家:前披头士乐队的成员保罗·麦考尼(生于1942年)在美国曾经有32首冠军单曲,在英国则有28首名列榜首。

佛教僧侣会在宗教仪式上吹奏长长的号角,这就是一种宗教音乐。

戏剧

戏剧是对故事进行表演的一种形式。早期的戏剧可能是用于阐述有关宇宙的起源、生命、死亡和宗教等问题的。早期的戏剧和歌舞是分不开的。后来，西方戏剧中的歌舞成分逐渐减少，出现了以歌唱为主的歌剧和音乐剧以及以对话为主的话剧，而东方戏剧中仍然保留着许多歌舞及民族戏曲成分。

中国话剧作家老舍的作品——《茶馆》

歌剧

歌剧《费加罗的婚礼》

歌剧起源于16世纪末的意大利。音乐家从希腊和罗马神话中选取故事，再配上歌曲和音乐伴奏。歌剧中的主要角色由独唱演员扮演。有时候演员们会一起唱二重唱、三重唱等。许多歌剧还有合唱，合唱演员在剧中饰演一群士兵、村民或剧情需要的其他群众角色。歌剧史上许多著名剧目都是由大音乐家创作的，如莫扎特的《魔笛》、比才的《卡门》等。

话剧

话剧起源于古希腊的祭神仪式。西方人把话剧称为戏剧。在中世纪的欧洲，戏剧的主要题材就是圣经故事。但从16世纪的伊丽莎白一世时代开始，人们用戏剧来讲述其他类型的故事。这个时期最伟大的剧作家是莎士比亚。在西方戏剧发展史上还有很多剧作家，如席勒和易卜生等。"五四"运动以后，话剧在中国发展起来，老舍的话剧《茶馆》是最能代表中国话剧特色的剧目。

法国哑剧演员马索的表演

哑剧

哑剧是一种演员不说话或完全不发出任何声音的戏剧。演员通过面部表情和肢体语言来展示自己的感情。他们可以使观众相信舞台上所没有的东西是存在的，例如，墙壁、球和桌子。

芭蕾舞剧《灰姑娘》

舞剧

在没有语言和文字之前，人类就学会了以手势或动作表述思想感情，并渐渐孕育出了一些基本的动作和节奏。这种通过舞蹈表现内容和情节的戏剧叫做舞剧。

日本歌舞伎的表演

日本歌舞伎

歌舞伎在日本戏剧中非常流行，发展到现在已经有近500年的历史。它融合了音乐、舞蹈和哑剧等音乐形式。这些戏剧都以古老的传说为基础，由化妆繁复、衣着复杂的男人来扮演。

木偶剧

木偶剧是由演员操纵木偶以表演故事的戏剧,又称傀儡戏。木偶有点像玩具娃娃,但人们可以用手指及通过与木偶相连的拉线或操纵杆来让木偶做出各种动作。人、动物和各种想象出来的生物都可以做成木偶。木偶剧在世界各地都有,以亚洲地区最为盛行。

木偶剧《卖火柴的小女孩》

中国戏曲

中国戏曲的发展源远流长,有着众多的剧种。除京剧以外,至今仍然流行的剧种有川剧、粤剧、评剧、昆剧等。

川剧

川剧又称川戏,是由四川民间灯戏融合昆腔、胡琴、弹红而成的,流行于四川、云南和贵州。川剧的语言生活气息浓厚,具有幽默风趣的特色。它的表演艺术细腻,技术要求严格,还有自成一套的程式动作。川剧的著名演员有阳友鹤等,代表剧目有《柳荫记》《拉郎配》等。

川剧《水漫金山》剧照

著名评剧演员新凤霞

评剧

评剧发源于河北唐山,流行于北京、天津和华北、东北。唱词通俗易懂,唱腔口语化,吐字清晰易解,生活气息浓厚,深受城乡人民欢迎。著名演员有新凤霞、小白玉霜等,代表剧目为《小女婿》《刘巧儿》《小二黑结婚》等。

京剧

京剧是中国影响最大的剧种,它以高超的表演艺术和拥有众多名角、名剧目而成为中国戏曲的杰出代表,饮誉世界。清朝乾隆至道光年间,安徽的徽剧和湖北的汉调纷纷进京演出。京剧就是在这两种地方戏的基础上,同时吸收了秦腔和昆曲的部分剧目、曲调和表演方法,融化、演变成的一种新的声腔。它更为悦耳动听,称为"京调"。清代末期至民国初期,上海的戏剧全部为京班所掌握,于是正式称为"京戏"。京剧艺术家依据各类角色的特征,在表演形式上做了明显的区分和高度的概括。这就产生了京剧的"行当"。"行当"是中国传统戏曲中表现某些特定类型角色的专业分工。京剧艺术一般把舞台上的人物依照性别、年龄、性格、身份的不同分为生、旦、净、丑四个类型。演员一般专门表演其中某一二类的行当。

越剧

极富江南风韵的剧种——越剧,因发源于浙江省绍兴地区,即古越国所在地,故名越剧。它由说唱艺术"落地唱书"发展而来。越剧在表演与唱腔上借鉴了绍剧、京剧的艺术特长,腔调婉转柔美,表演舒缓蕴藉,极富江南风韵。流行于浙江、上海一带。

老生 通常表演中、老男性角色,俊扮、化淡妆,以年龄的不同分别戴黑、灰、白颜色的髯口(即假胡须)。

小生 扮演青年男性角色,俊扮,面部略施朱粉,以油彩描绘眉目,形象光彩漂亮,显示出青春的活力。

净 扮演豪放、威武、凶猛、彪悍的男性角色,用夸张的色彩和一定的谱式在面部绘成不同图案,即"脸谱"。

旦 主要表现剧中青年女性,重施朱粉,两颊红润衬出额、鼻、颔的粉白;油黑的重彩描绘美丽的眉眼,一点朱唇颜色很鲜明。

老旦 扮演老年妇女,化淡妆,眼角、两颊略做描画,使人感到人物已近暮年,苍老而稳重。

丑 通常表现那些灵巧、机敏、幽默、狡猾的小人物。在其鼻梁周围画上不同形状的白色块并略点眉目,显得十分生动。

绘画

绘画是人类最重要的艺术语言之一。无论是东方，还是西方，凡是有人的地方，就会有绘画相伴而生。早期的人类多在岩石上绘画。随着人类的进步，绘画的表现方法越来越多，绘画工具、颜料和绘画技法都在不断改进，不同的画种相继产生。现在，我们常见的画种有油画、水彩画、水粉画、素描、壁画、版画等种类。

雷诺阿作的油画《伊雷娜·卡昂·当韦尔小姐像》

早期的绘画

绘画是一门古老的艺术。早在距今约3万年以前，原始人就描绘了岩洞壁画。在欧洲、非洲和大洋洲，人们发现了不少画在岩石上或洞穴里的石器时代的绘画，题材多为狩猎图像和野兽、家畜形象。当时，人们绘制这些图画，可能是一种狩猎巫术，用以达到控制狩猎对象和增殖动物的目的。这些绘画都具有形象夸张、手法简练、粗犷、质朴的造型风格。

岩画

水彩画

水彩画是常见的画种之一。它的颜料是用胶水调成的。作画时需要用水溶解颜料。水彩没有覆盖力，显得十分晶莹透明，人们常利用纸作为白底和水分相融的效果作画。水彩画15世纪末出现在欧洲，18世纪在英国形成了独立的画种。

油画有时也会体现出水彩画般的感觉，图为艾伊瓦佐夫斯基所作油画《狂暴的海涛》。

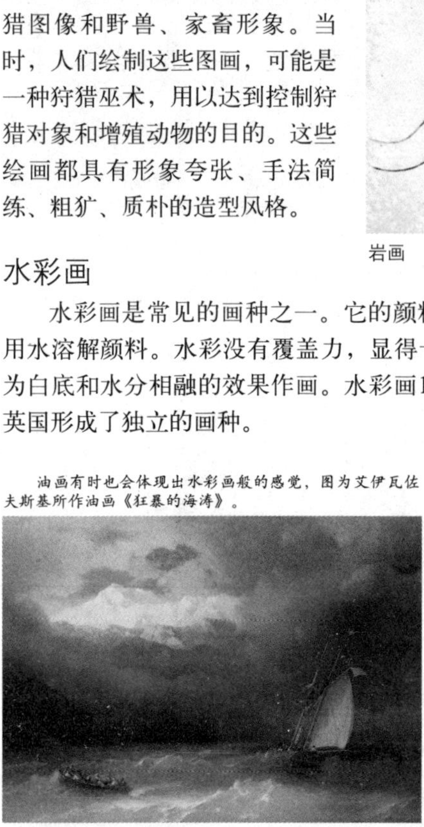

油画

油画起源于欧洲，是西洋绘画的主要画种之一。油画颜料是用干油和颜料调和而成的。它可以绘制在画布和油画纸上，也可以绘制在木板上。油画的色彩丰富，能充分表现物体的真实感。

油画颜料
油画笔

油画工具

油画的完成需要油画颜料及画笔。油画颜料是色料粉和混合油彩，笔为刚毛笔。

水彩画工具

水彩画的工具包括水彩颜料、画笔和纸。水彩颜料色粒很细，与水溶解可显示其晶莹透明。水彩画笔要求含水量大而弹性又好。理想的水彩画纸，纸面白净，质地坚实，吸水性适度。

水粉画

　　水粉画也是一个重要的画种，它的颜料是用粉质材料制成的，作画时和水调合绘制。水粉颜料不透明，色彩明朗、轻快。水粉一般绘制在纸上，也可以绘制在木板或布上。

水粉画工具

　　水粉画的主要工具有水粉颜料、画笔、调色盒、笔洗和吸水布等。水粉颜料是一种水溶性颜料，画笔主要使用羊毫的水粉画笔、羊尾平笔。

水粉画

素描

　　素描是培养初学绘画者的一种绘画形式，也是绘画的基本功。它用单色来描绘对象，一般使用铅笔，也可以使用木炭条、钢笔或毛笔。人们常用素描起草画稿。我们也可以看到有许多世界著名的画家用素描进行创作。

素描工具

　　素描的完成需要各种用笔。这些笔可以是炭精笔、铅笔、石墨棒等。

达·芬奇自画素描像

壁画

　　壁画是绘制在建筑物的墙壁或天花板上的美丽图画。壁画是人类最古老的绘画形式，在古代埃及、印度、巴比伦和古代中国都有壁画。壁画可以画在不同的建筑物上面，所以有石窟壁画、寺院壁画、宫室壁画等形式。意大利文艺复兴时期的艺术家创作了许多大型壁画。现代的壁画更富装饰性，更精美，并且与建筑物及环境相适应，具有整体装饰效果。

敦煌壁画中的飞天

埃及壁画

柯勒惠支的版画《母爱》

版画

　　版画与其他绘画形式不同。它是用刀子或化学药品在木板、石板、铜板或麻胶板等材料上进行雕刻、蚀刻而成的，然后再印在纸上，所以可印出多幅原作品，并可以通过变换色彩达到不同的视觉效果。版画经历了复制和创作两个发展阶段。在西方，17世纪时铜版画已进入创作阶段。中国的版画创作是20世纪30年代才发展起来的。

中国书法

中国书法历史悠久，从甲骨文、金文演变而为大篆、小篆、隶书。到东汉、魏、晋时期，草书、楷书、行书诸体基本定型。浏览历代书法艺术发展的历程可以发现，书法演绎着中华文字艺术的成长过程，"晋人尚韵，唐人尚法，宋人尚意，元、明尚态"，随处都散发着传统艺术的灼人魅力。

中国书法工具

中国书法作品常用的工具是被称作"文房四宝"的笔、墨、纸、砚。在中国悠久的文化传统中，这些书法工具是人们日常生活中的主要书写工具，为中国书法艺术的发展发挥了巨大的作用。

钟鼎文

钟鼎文是指青铜器上的铭文。青铜器主要有礼器和乐器。礼器以鼎为代表，乐器以钟为代表，所以把钟鼎作为铜器的代称，铜器上的铭文也称作钟鼎文。

大盂鼎铭文
大盂鼎铭文为西周早期的代表作品之一，文字仍保有商代以来的传统，但其凝重雄浑之气又过之。其横平竖直、一字一格的棋盘式布局，第一次给每个汉字不论笔划多少以平均分割的空间，首次揭示出汉字方块字的概念。

清代金农的隶书轴用笔取势自然，在匀齐整饬中无呆板之弊，体方笔圆，隶中带楷，点画紧密，笔墨粗重浑重，极具沉雄稳健的风姿。

清代赵之谦的篆书《急就篇》用笔浑厚道润，顿挫有致。

篆书

篆书是古汉字的一种书体，有大篆、小篆之分。大篆原来叫籀文，兴起于周朝末年。小篆又叫秦篆，指秦始皇统一文字所用的书体，汉代沿用。后世所称的篆书，一般都是指小篆。小篆偏旁都有固定的形式和位置，其空虚之处尽量用笔画填满。

隶书

隶书，又名佐书、史书，起源于战国，盛行于汉代。隶书打破篆书屈曲圆转的形体结构，变纵势为横势，成宽扁状，左右舒展，笔画讲求波磔，横画为蚕头燕尾形状，是一种具有浓重装饰趣味的字体。

草书

　　草书可分为章草、今草和狂草等类型。章草是在汉代隶书定型的同时出现的。章草的特点是保留隶书形迹，每个字独立存在，不相连属。今草则由章草演变而来。汉末时，张芝把章草发展成上下字笔势牵连相通，偏旁相互假借的新草体，称为"今草"。王羲之、智永等都是各有千秋的今草大家。狂草比今草更奔放，笔势连绵回绕，字形变化繁多。唐朝时张旭和怀素开创狂草新体，用笔狂放，大气磅礴，似龙腾虎跃，如风卷残云，纵横开合，变幻无穷，具有极高的艺术魅力。

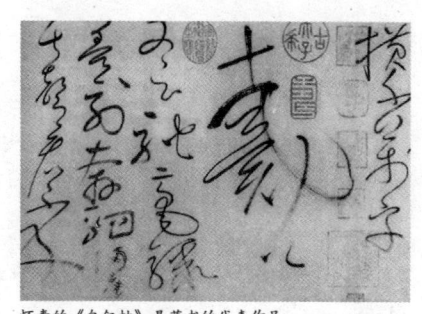

怀素的《自叙帖》是草书的代表作品。

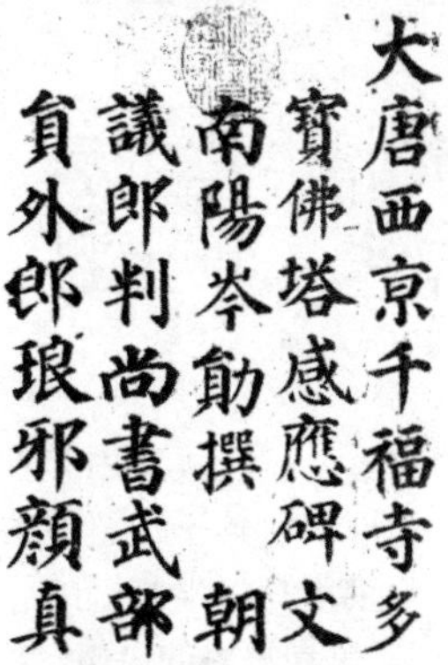

楷书

　　楷书，又称正书、真书，属隶书的变体，起源于汉代，发展于魏晋，盛行于唐代。其形体方正，笔画有严格的法度，点画、钩弋、撇捺构成长短正斜、俯仰照应，比篆隶更富变化。楷书名家有东晋时期的王羲之、王献之。唐代虞世南、欧阳询、褚遂良、薛稷被称为"初唐四大家"。唐代中期的颜真卿，其书法以拙为巧，风格雍容大度，宽博雄伟，称为"颜体"；唐代后期的柳公权创造瘦硬挺拔、结体遒媚的"柳体"。宋代楷书名家有蔡襄、苏轼、黄庭坚、米芾。元代赵孟頫用笔圆转秀劲，一改宋代书法风尚，后世称为"赵体"。

颜真卿《大唐西京千福寺多宝塔感应碑文》

瘦金体

　　"瘦金体"的创始人宋徽宗赵佶，是宋朝的第八位皇帝。"瘦金体"是我国书法艺术中一朵奇异的小花。说它奇，是因它的笔画奇特，横划收笔时带钩，形似钩针；竖划收笔时带点，类似倒放的大头针；撇如同大刀；捺好像长戈；细长的竖钩，像仙鹤的尖嘴。说它异，是因它的线条异常劲硬，如同细铁丝，个别连笔线像灯泡里的钨丝一样凌空游动。说它小，因它不像欧、颜、柳、赵有那么大的名气，古往今来，学写者甚少。说它是花，是因为它很美，端庄秀丽整齐。它的线条瘦而不干，舒展的笔画，犹如芭蕾舞演员舞动的四肢，一姿一势都刚柔相济，优美之极。

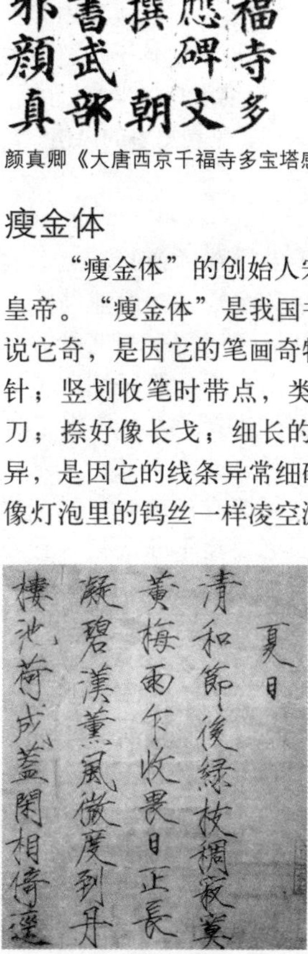

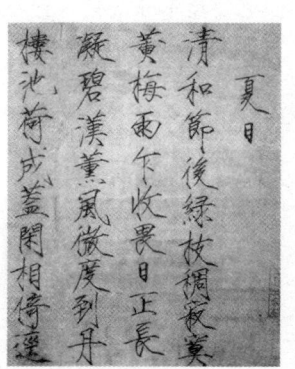

赵佶的《夏日》笔势遒劲，伟岸开张，充分体现了"瘦金体"的独特风格。

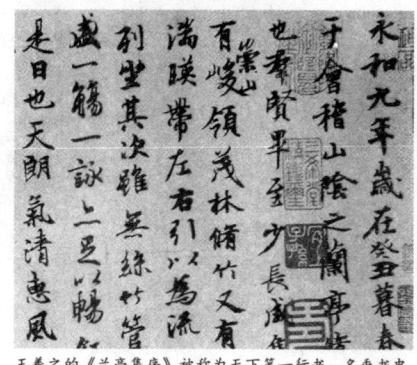

王羲之的《兰亭集序》被称为天下第一行书，名垂书史。

行书

　　行书是书法艺术中最具实用性的字体。它介于草书、正楷之间，比草书端庄，比正楷活泼。相传行书始创于汉末，但它兴盛于晋代，以后各代久盛不衰。由于行书生动活泼、自由快捷，可以灵活多变，所以历代书家都十分重视行书的创新与发展。行书中楷法多于草法的称为"行楷"，而草法多于楷法的称为"行草"。

篆刻

在中国传统艺术中，有一种在方不盈寸的铜或石材上集文字（主要是篆书）、书法、镌刻及作者文学修养于一体，并呈现万千气象和美的意味的艺术种类，这就是篆刻艺术。篆刻源于印章，而印章则始于阶级社会，最初作为一种凭证的信物，后来用途逐渐广泛。

秦印的布局已不像古玺印那样变化多姿，多在方形的官印上加"田"字格和"日"字格，在一定范围内较为规范地变化着，为辉煌的汉印时代的到来作铺垫。

秦印

秦始皇统一中国后，印文统一用端庄秀丽的小篆，规定皇帝的印专称为玺，一般人的则叫印。

赵之谦篆刻

赵之谦

赵之谦，晚清杰出的篆刻家。他最突出的贡献是开创了"印外求印"之风，大胆地将一切印外的金石文字入印，在刀石之间流露出笔意情趣，树立了"赵派"的地位。

战国印

战国时期古玺已普遍使用，一般分官玺和私玺两类。玺文均取自六国文字，有朱文（阳文）和白文（阴文）之分。其制作精细，章法生动。图案印"鹿"则造型简练，正透着"鹿者乐也"的吉祥意味。战国古玺以其奇特的构思和精湛的技巧，在印章史上或凿或铸着奇特瑰丽的一页。

"鹿形"印

汉印

汉印

汉印是后世印章的楷模，从形式到内容都丰富多彩。它打破前人的框架，善于在整体的严谨上尝试多种安排，并采用与汉隶相近的、伸缩性较强的缪篆体入印，呈现更多的风格。

明、清印

篆刻艺术在明代中叶有了新的突破，文彭、何震可算是明清流派篆刻辉煌业绩的开拓者，力追秦汉，开辟了明清篆刻艺术的昌盛局面。自此之后，掀起了一股篆刻艺术的热潮，其主要表现有三方面：一是作家林立，出现了吴昌硕、赵之谦等大家；二是印学理论的确立，编制印谱成为风尚，如《集古印谱》；三是书面已经离不开篆刻，且要比宋、元考究得多。

吴昌硕诗画印

雕塑

雕塑是以雕刻、塑造等手段制作三维空间形象的美术种类。无论东方还是西方的雕塑艺术，都非常注重作品的体积意识。雕塑作为三维空间的实体，给予人的感受，首先来自它的形体。雕塑的形体美要求比例匀称，结构严谨，要通过形体展示形象的动势、情绪与生命力。

古希腊雕塑作品——《向雅典娜献新衣》

古代希腊与罗马的雕塑

古希腊的雕刻和建筑是互为一体的。此外，独立性雕像的成就也很可观，其创作源泉来自对"人体美"的认识。这是历史上裸体雕刻的创始时期。古罗马的雕塑艺术深受古希腊的影响，在写实的方式、情绪的表现，以及对细节表现的夸张与强调等方面都有许多创新，出现了现实性很强的肖像雕刻和叙事性雕刻。

《卡拉卡拉像》局部

《掷铁饼者》

《掷铁饼者》是现存古希腊雕刻中流传最广的艺术杰作之一，作者米隆。雕像表现的是投掷铁饼者运动过程的一个瞬间。掷铁饼者的强烈动势与雕像的稳定性配合得很好，体现了动与静的巧妙结合。这件雕像赞美了人体的美和运动所饱含的生命力，是表现体育运动雕塑的典范。

《卡拉卡拉像》

这是罗马肖像雕刻鼎盛时期的代表作。卡拉卡拉是罗马历史上嗜血成性的暴君之一，雕像着重人物眼部的刻画——那对紧蹙的横眉之下的多疑而凶残的眼睛，鬈曲的头发和满脸的胡须，更进一步深化了凶残的性格。雕像在头部与衣纹的处理上，有意形成繁简的强烈对比，是罗马肖像雕刻中高度个性化了的作品。

《掷铁饼者》 这是米隆以运动为题材的作品之一，展现了蓬勃的生命力。

文艺复兴时期的雕塑

文艺复兴时期的雕塑大部分都是表现健美人体的，这是人文主义思想的表现。这时期的雕刻家们充分认识到人在改造世界中的巨大力量，赞美人体的美，是对古代希腊艺术的一种"复兴"。

文艺复兴时期的雕塑作品

《哀悼基督》

《大卫》

意大利雕塑家米开朗琪罗的《大卫》全身赤裸，毫不掩饰地展示着自己的男性魅力。作品表现了一个运动的瞬间，大卫充满自信地站立着，一手拿着投石器，一手自然下垂，正向远处搜索敌人。从人体功能上，米开朗琪罗的《大卫》并未严格按精确的比例标准而做，但展示了无与伦比的美，是西方美术最值得夸耀的男性裸体雕像之一。它的伟大将永垂不朽。

《哀悼基督》

这是米开朗琪罗晚年的作品。在后面抱着基督的是先知圣约翰，旁边的年轻女子是圣母玛丽亚。作品手法粗犷，朴实无华。作者的激情全部放在悲剧效果的追求上，以至忽略了诸多刻画，使整个作品笼罩在一种极度悲伤、肃穆的气氛之中。

17~18世纪的雕塑

经过了文艺复兴时期雕塑的恢宏之后，这一时期的雕塑风格趋向沉静自然，风格受巴洛克与洛可可艺术的影响最多。这方面重要的雕刻家有贝尔尼尼、法尔康涅等等。后期出现了新古典主义雕刻，成就最为卓著的是卡诺瓦。另一个对雕塑艺术发展有着推动作用的雕刻家是乌东，他创作的众多的肖像雕塑丰富了这一领域的艺术表现手法，具有开拓意义。

《浴女》

《浴女》是法国雕塑家法尔康涅的代表作。作者表现了浴女脱下衣裙，双足即将踏入水中的瞬间动态，运用现实主义的创作手法塑造了一个美丽、典雅、纯洁的女子形象。人物体形丰满迷人，线条柔和流畅，造型简洁朴素，动态和谐自然。优美舒展的体态特征与现实主义的塑造风格，明显地继承了洛可可艺术的特点，同时融合了古典主义的简洁风范。

17~18世纪的雕塑作品

《大卫》

《浴女》

19~20世纪的雕塑

19世纪初期，欧洲雕塑出现了浪漫主义思潮。浪漫主义者热情地肯定生活和自然，并以此为表现的核心，强调个性，把感情和想像看作是创作上的重要因素。现实主义雕刻出现在19世纪中叶，主张艺术要表现生活，使作品生动有力并能揭示活生生的现实生活中的人，要运用雕塑的特殊语言来表现生活中的真实。象征主义出现在19世纪末和20世纪初，主张以象征的方法来表现生活中的潜在奥秘，强调启示性的美感和体现寓意性世界。

《思想者》

《思想者》是使法国雕塑家罗丹享誉世界的代表作。雕像表现一个强壮的巨人弓背坐在石头上,沉浸在全神贯注的冥想之中。值得注意的是,他的右肘支撑在左腿上托着下巴,而且左臂也轻搭膝盖。这个造型看起来简单合理,可在现实生活中,人们如果摆出这样的姿势是极其不舒服的,但正是这点不舒服悄然体现了罗丹强调的主题。

《女人体》

《女人体》是英国雕塑家亨利·摩尔用新材料创作的尝试之作。自然木纹的表现反映了现代主义的一贯追求,简练粗略的造型体现出强烈的现代感。作品注重描绘女人的特点,特别是大腿,几乎占去整件雕塑的三分之二,给人的感觉是稳定结实、不可动摇。作品光滑细腻,天然的木纹、追求朴实的效果被作者表现得淋漓尽致。

《思想者》

《女人体》

中国雕塑

中国古代的雕塑艺术起源于原始社会的石器和陶器制作。战国至秦汉时期出现的大量用于陪葬的陶质和木质的人物及动物俑像,展现了强烈的本民族雕塑艺术的特色。两汉之际佛教传入中国,此后佛像作品在中国占据重要位置。唐代是中国雕塑艺术发展的高峰时期。唐代佛像雕塑在吸取了印度古典艺术精华的同时,结合本民族深厚的艺术传统和人文思想,形成了雍容壮阔、庄严深沉的艺术风格。宋代的造像以彩塑和木雕为主,体现人物的情感和神态尤为细腻真实。元、明、清时期的佛教雕塑伴随着技术上的高度成熟也带来了造型上的陈陈相因,缺乏生气;与此同时,中国的工艺雕塑却取得了令人瞩目的成就。

莫高窟

敦煌莫高窟俗称千佛洞,现保存从十六国、北魏、西魏、北周、隋、唐、五代、宋、西夏、元等10个朝代的洞窟492窟,壁画45000平方米,彩塑2415尊。其中,壁画构图宏伟多变,用色浓艳繁复,线条细密流畅,具有惊人的艺术感染力。造像为泥质彩塑,神态各异。壁画内容有佛像、佛教史迹、经变、神话、供养人等题材和装饰图案。它是我国现存规模最大、内容最丰富的石窟艺术宝库。

兵马俑

秦始皇兵马俑

秦始皇陵兵马俑堪称一颗异彩独放的明珠,它因为拥有一支2000多年前秦帝国的雄兵,一个由7000多件兵马俑组成的气势磅礴的地下军阵而令全球瞩目,举世震惊。兵马俑通体风格浑厚健美,陶俑的脸型、发型、体态、神情都各有差异,似乎能令人感受到他们不同的遭遇和经历……所有这些都有感人的艺术魅力。

敦煌莫高窟唐代泥塑彩绘菩萨像丰腴秀丽、柔软圆浑、神态安详、高贵典雅,是唐代贵族妇女的形象写照。

建筑

建筑作为艺术有别于其他精神产品（如文学、音乐、绘画）之处，在于它首先是物质产品，同时具有精神产品的性质（艺术性），其艺术性即寓于本身的功能、目的和方法、手段之间的和谐、完善与统一之中。不同时代、不同文化体系产生不同的建筑文化观念，但有共同的特点，"方便（适用）、坚固（稳定）、美观"是衡量建筑优劣的普遍准则。

古代希腊、罗马建筑

古代希腊、罗马创造了辉煌的人类文明，其中包括建筑成就。古希腊建筑以石块的完美砌合创造了建筑奇迹。古罗马建筑继承希腊建筑成就，并广泛创新，达到西方古代建筑的又一个高峰。

雅典卫城

雅典卫城

雅典卫城是祀奉雅典守护神雅典娜的地方，建于公元前5世纪，反映了古希腊建筑的成就。卫城位于雅典中心偏南的一座小山顶的台地上，总体布局自由，顺应地势安排，山上各种建筑贴边而立，柱廊朝外。西端是雄踞于陡崖上的胜利神庙，布置得体，能满足祭祀仪典和从山下瞻仰的要求。

拜占庭建筑

拜占庭建筑拥有拜占庭帝国的独特风格。它继承了古罗马的建筑文化，又汲取了波斯、两河流域、叙利亚等东方文化，主要有四个特点：屋顶普遍使用"穹隆顶"；整体造型中心突出，高大的圆穹顶往往是整座建筑的中心；穹顶支撑在独立方柱上；色彩既有变化，又注意统一，建筑内部空间与外部立面显得灿烂夺目。

拜占庭时期的建筑——圣维塔莱教堂

狄奥多西方尖碑

狄奥多西方尖碑坐落在伊斯坦布尔，继承了君士坦丁凯旋门浮雕的衣钵，是拜占庭式建筑融合东西方艺术风格的体现。基座上刻着当时代表着"文化气息"的希腊和拉丁文字，记载了帝国的盛况。其上方是社会显要们的浮雕，具有很大的史料价值。下方则是所谓"野蛮人"的粗糙雕像。

狄奥多西方尖碑

哥特式建筑

哥特式建筑是11世纪下半叶起源于法国的一种建筑风格，主要见于天主教堂，也影响到世俗建筑。建筑主要采用尖券、尖拱和飞扶壁等结构。哥特式教堂的内部空间高旷、单纯、统一。装饰细部如华盖、壁龛等也都以尖券作主题，建筑风格与结构手法形成一个有机的整体。哥特式建筑以其高超的技术和卓越成就在建筑史上占有重要地位。

巴黎圣母院

哥特式建筑

巴黎圣母院

巴黎圣母院是欧洲早期哥特式建筑和雕刻艺术的代表，纯粹的尖拱形建筑格局已形成。建筑的整个平面呈十字架形。墙壁、屋顶、门窗都有精美的雕刻和装饰。在教堂正立面三座大门的尖拱形墙壁上布满了神像。圣母院西边有两座高耸的巨塔，塔有三层，分别是国王画廊、玫瑰巨型花窗和可穿行的回廊。

从巴洛克到洛可可建筑

巴洛克建筑是17～18世纪流行于欧洲的一种建筑装饰风格。其特点是外形自由，喜欢富丽的装饰和强烈的色彩，曲面和椭圆形空间为常用手法，表达了世俗情趣的要求。法国古典主义建筑在17世纪下半叶兴起，普遍应用古典柱式，内部装饰丰富多彩，样式多为宫廷建筑和广场建筑群。

文艺复兴建筑

文艺复兴建筑是15～17世纪流行于欧洲的一种建筑风格。它扬弃了中世纪的哥特式建筑风格，提倡复兴古希腊罗马时期的柱式构图元素，特别是古典柱式比例、半圆形拱券以及以穹隆为中心的建筑表体等，建筑类型、形制和形式也比以前增多了。以意大利为代表的文艺复兴建筑对后世建筑风格产生了广泛持久的影响。

圣保罗大教堂

圣保罗大教堂是伦敦最大的教堂，其建筑风格别具一格。主体建筑是两座双层十字形大楼，十字楼的中间拱托着一座高达111.4米的穹隆圆顶。圆顶下有一座两层圆楼。圆楼顶层有一圈石栏围拢的阳台，人们站在这里可以欣赏到伦敦的市景。教堂正门前是一道由六对高大的圆形石柱组成的走廊，人字形墙上雕刻着圣保罗到大马士革传教的图画。

文艺复兴时期的建筑

圣保罗大教堂宏伟的大穹顶

中国建筑

中国建筑是中华文明之树中特别美丽的一枝，作为世界三大建筑体系之一，与西方建筑和伊斯兰建筑并列，自豪地立足于世界文化之林。中国建筑注重群体组合的美，多用对称式的布局，注意建筑与自然的高度协调，这些特点与中华民族以中和含蓄为美的特点相符合。中国建筑是世界唯一以木结构为主的建筑体系，以木材、砖瓦为主要建筑材料。

故宫是中华民族灿烂文化的象征。

故宫

故宫为明、清两代皇宫，坐落在北京城的中轴线上。故宫占地72万平方米，殿宇9000余间。城内宫殿沿中轴线向东、西两侧展开。南以太和、中和、保和三大殿为中心，两侧辅以文华、武英两殿，称"前朝"；北以乾清、交泰、坤宁三宫及东西六宫为中心，称"后寝"。三大殿以太和殿最高大，重檐庑殿顶，高约33米。故宫凝聚了中国古代建筑艺术的最高成就。

布达拉宫

布达拉宫是著名的宫堡式建筑群，位于西藏布达拉山南侧，从山腰处拔升而起，直达山顶。宫堡占地41万平方米，主楼高达117.19米。宫的主体分为红宫和白宫两大部分。上部为红宫，白宫位于红宫东面。此宫全为木石结构。布达拉宫与山峰巧妙结合，取得了山即是宫、宫也是山的艺术效果。

伊斯兰建筑

伊斯兰建筑深受拜占庭建筑的影响，样式多为封闭式的庭院，围以拱廊或柱廊，朝麦加方向的一边加宽。伊斯兰建筑的最大特点是穹顶覆盖的集中式形制和在大门上做出巨大的凹陷空间。伊斯兰建筑喜欢用复杂的几何图案覆盖整座建筑的表面，马蹄形、花瓣形、火焰形等各式券拱和各色的马赛克拼图是常用的装饰手法。伊斯兰建筑以其鲜明的特色在建筑史上留下了灿烂的一页。

岩石圆顶清真寺

岩石圆顶清真寺被称为宗教圣地耶路撒冷的地标，寺顶端的大圆顶分外醒目。建筑的平面布局为正八角形，由两个原始正方形的各条边等距离延伸，形成另一个八角形顶点。环绕着这两个大正方形顶点可以画一个圆形，清真寺八边形外墙尺寸也在这个圆形中得到确定。这种精确的几何施工在当时甚为罕见。

岩石圆顶清真寺

布达拉宫

蓝色清真寺

伊斯坦布尔的蓝色清真寺能同时容纳1万人朝拜。清真寺的大圆顶直径27.5米,另有四个小圆顶侍立在旁。六根尖塔高43米,比一般五根尖塔的清真寺多一根。内墙全用蓝、白两色瓷砖装饰。260个小窗引进的和煦阳光,融入淡黄色的、圆形排列的灯光中,虚拟了一个广阔的小宇宙,将寺内装饰得十分圣洁、神秘。

现代建筑

蓝色清真寺

现代建筑

现代建筑包括20世纪流行的各种各样的建筑流派的作品。现代建筑于19世纪末随着"手工美术""新艺术"运动悄然兴起。创新与变革、情感的艺术个性和形式与功能的完美结合是现代建筑的旗帜,"粗野主义""国际主义""高科技"等一大批建筑流派在这面旗帜下呈现出绚烂的景象。

帝国大厦

帝国大厦是美国大萧条之后实施新政时建造的。大厦高381米,共102层,成为当时世界上最高的建筑物。大厦建造时,3500名工人应用新技术以每周四层半的速度推进,仅用410天便完成全部工程。其主体建筑全部为铆合钢制框架外覆印第安纳石灰岩。顶部是16层高的钢制桅杆。

双子塔

双子塔位于马来西亚的吉隆坡,为马来西亚石油公司所建。大厦高88层,建筑物最高点距地面452米,是目前全世界最高的双峰塔楼。建筑过程中,为了防止外壁有可能脱落,在1厘米以下的装饰材料缝中均灌注了特殊的药剂;同时,为了防止地震,建造时调动了当时一切可能的技术力量。

高耸入云的帝国大厦

米拉公寓

闻名世界的米拉公寓位于西班牙巴塞罗那。公寓以一组组石质的格墙和柱子为结构,由大窗户、阳台、两个天井及不同高度的顶楼形成。其屋顶高低错落,墙面凹凸不平,整座大楼宛如波涛汹涌的海面,极富动感。在公寓的房顶上还有一些奇形怪状的突出物,这是特殊形式的烟囱和通风管道。公寓的独特设计在当时引起了很大反响。

设计独特的米拉公寓

摄影

摄影是一项富有创造力的艺术活动，它是科学与艺术的结合。作为一种艺术，摄影特别注重光、影、色彩、色调、构图等等重要的表现因素。摄影有着与生俱来的纪实功能，在这一点上其他艺术形式是无法比拟的。许多摄影作品起初还看不出什么价值，但后来都成为了解当时社会状况的第一手资料。

黑白摄影作品

黑白摄影

黑白摄影是只以黑、白、灰三种色调再现自然和生活图景的摄影，黑与白、光与影，以及点、线、面是它的重要艺术元素。拍摄者运用黑白结构对比关系所造成的各种效果，表现被摄体的形态、质感、气氛等。黑白摄影作品容易产生特殊的年代感，在表现人的心理感受方面可以产生特殊的观赏效果和感情效果。

彩色摄影作品

彩色摄影

彩色摄影是运用光线、色彩手段再现自然和生活图景的摄影，它的出现丰富了摄影语言。色彩感觉作为一般美感中最大众化的形式，首先要求彩色摄影具有再现现实色彩的准确性；还要求对色彩有创造性表现，包括对色彩的各种主观表现。彩色摄影对生活真实性的追求不是唯一目的和标准，在某些时候，它更注重用来体现摄影家对世界的思考。

人像摄影作品

人像摄影

人像摄影是以人物为主要拍摄对象的摄影艺术。它要求准确地捕捉所摄人物的外貌特征，努力刻画人物的内心世界，做到形神兼备。人像摄影既是人物的影像又是关于人物的故事，人像摄影师们在拍下人物外形特征的同时，也拍下了人物的性格特征。通常的人像摄影有全身、半身、近景和特写几种。

风光摄影

风光摄影以名山大川、农村田野、风土人情、城市风貌、古迹建设等风景为主要拍摄对象。它要求作品情景交融、寓意深刻、画面优美、色彩丰富、生动逼真、令人向往。

风光摄影作品

动物摄影

　　动物摄影也是摄影艺术的主要门类，其拍摄的对象是各种动物。由于大部分的动物无法摆姿势，所以拍好动物需要很大的耐心。动物摄影很多时候需要到野外拍摄。拍野生动物时，通常不太可能接近主题，因此往往要使用中到长焦距的望远镜头。动物的行为往往发生在一瞬间，所以为了拍好动物照片，还应了解一些有关动物习性的知识，以便抓取拍摄时机。拍摄动物要注意环境背景的选择和气氛的真实。

体育摄影作品

体育摄影

　　体育摄影是用于记录和传达运动精彩瞬间的摄影艺术。要想拍出成功的体育照片，就必须了解比赛的过程和规则。拍摄者只有知道即将发生什么，才能注意到动作的高潮和抓住最佳的时刻，比如跳跃的最高点、起跑的一刹那或是运动员脸上流露出的胜利表情。把主题的动作稍微模糊掉，或是随主题移动让背景模糊，可以传达出惊奇的感觉和比赛的气氛。

动物摄影作品

创意摄影

　　创意摄影是一种偏向于理想化的摄影形式，与其他摄影形式比较，它更注重新奇的创意构思，更多地利用光影等艺术手段和各种技术手段。创意摄影较偏向于抽象化，与现代派的绘画有异曲同工之妙。这种摄影作品更多地体现了人与世界的关系。

创意摄影作品

社会生活摄影作品

社会生活摄影

　　社会生活摄影把人与人、人与环境以及社会中的各种事件作为摄取的对象。它要求反映生活的真实，反映人们的精神面貌，要有浓郁的生活气息。更有甚者，社会生活摄影干脆以真实的生活来讲述故事，以此表现一个时代某一方面的变迁。由于它的纪实性，社会生活摄影往往成为一个时代的诠释。

电影

人们习惯把电影称为继文学、戏剧、绘画、音乐、舞蹈、雕塑之后的"第七艺术",这与它的产生时间有关。电影正式诞生于1895年,它是以近代科学技术的发展为前提的。电影既利用科学技术的成果,也吸收前六门艺术的艺术成分和表现手法,具有自己的独特性质和艺术效果,成为一个独立的艺术门类。

爱迪生发明的第一台电影放映镜,胶片卷在圆筒上,从目镜中观看。

电影摄影机的基本结构
取景器　供片盘　可换镜头　滤光镜架　收片盘　光圈　曝光窗　镜头罩

电影的诞生

美国人爱迪生是世界著名的发明家。1888年,他研制了一台被称为活动电影的摄影机。这种摄影机能在一条约15米长的胶片上,拍摄出多幅连续画面,可以记录持续约1分钟的景物。1891年,他又与别人一起发明了活动电影视镜。1895年,法国里昂照相器材厂主卢米埃兄弟吸取了爱迪生"电影视镜"的长处,改善了他们研制的"连续视影机",终于制成了当时最完善的活动电影机。

电影技术

电影技术是影片摄制技术、影片放映技术与电影器材制造技术的总称,是使电影成为影响广泛的独特艺术形式以及活动影像和声音的再现手段的物质基础。电影技术的基本任务是:用电影胶片将静止或运动着的被摄物体按时间顺序记录下来,然后用光学方法在银幕上将其再现出来,同时播放出记录在胶片或磁带上与影像相匹配的声音。

摄影机

电影摄影机属于20世纪最为成功的进步技术之一,它是电影这门经济艺术的支柱,是它使斯皮尔伯格的《侏罗纪公园》获得了空前的票房收入。电影摄影机和照相机一样有镜头、光圈和快门。与照相机不同的是,摄影机上的胶片移动和快门动作必须精确协调,使每幅图像间隔相同的时间得到正确曝光。摄影机把画面用每秒24幅的速度拍摄,并以同样的速度投射到银幕上就能让人产生动态的幻觉。

电影的拍摄现场

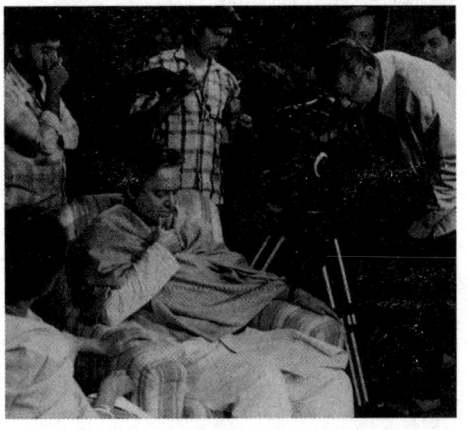

拍摄电影

一部电影的完成,是由导演、摄影、灯光、录音、美术、音乐等人员,各自站在自己的岗位上,通力合作而成的。开始先要决定剧本的内容,然后决定导演人选,安排主角人选,再由导演及演员依照剧本的内容拍摄。之后,将所拍摄的各个场景连接、录音,如此才算完成一部电影。

国际电影节

国际电影节是世界各国电影艺术和技术成就展览的盛会。其主要目的是交流经验、互相学习、促进各国电影事业的发展。通常都设立一个国际评选委员会，对正式参展的影片进行评选，对优秀影片和它们的作者（包括导演、编剧、演员、摄影等）授予奖品或奖杯等。

威尼斯国际电影节

威尼斯国际电影节是1932年由贝尼托·墨索里尼在水城威尼斯创办的世界上第一个国际电影节。它的目的是为促进电影工作者的交往和合作，为发展电影贸易提供方便。这个电影节除评选和奖励优秀影片外，还放映大量观摩影片，其中包括在其他国际电影节上得过奖或未人选的影片，举行各种讨论会、纪念活动，开办电影市场等。这个电影节最大的特色是每次都有一个主题。

在1992年举办的威尼斯电影节上，由中国导演张艺谋执导的影片《秋菊打官司》获得了最高奖——金狮奖，而片中女主角的扮演者巩俐则获得了最佳女演员奖。这是中国电影和中国演员第一次获得威尼斯电影节的大奖。

戛纳国际电影节

法国戛纳国际电影节开始于1946年，如今已成为世界最有声望的电影节之一。它旨在展示和提高将电影作为艺术的进程中扮演重要角色的电影作品的质量。戛纳国际电影节通过强大的媒体宣传，确保人选作品能立即介绍给世界观众，还提供了电影创作者与买主接触交流的机会。

在1993年第46届戛纳电影节上，中国导演陈凯歌执导的影片《霸王别姬》荣获了金棕榈大奖，成为拿到该奖的第一位中国人。

柏林国际电影节

柏林国际电影节是欧洲国家举办的国际电影节中质量较高的电影节之一，电影节设"金熊奖"和"银熊奖"。柏林电影节人选影片一般以"主题的创意、银幕表现的流畅和观众的可能反应"为衡量标准，这类影片一定程度上代表了当代国际电影的最高制作水准，也代表了未来电影的发展方向。

好莱坞

好莱坞

好莱坞坐落在美国加利福尼亚州的洛杉矶郊外。据说1908年初，山立格影片公司的导演弗兰西斯·鲍格斯和摄影师汤马斯·伯森斯为了拍摄《基督山伯爵》，来到洛杉矶郊外的一个小村，建立一所小摄影棚，这个小村被起名为好莱坞，意思是长青的橡树林。自1913年以来，这里聚集了诸多大制片公司，支配着影片的生产以及全世界影片的上映和发行；同时，也吸引着世界各地的导演和演员去那里拍片和表演，成为美国繁华的电影城市。

奥斯卡金像奖

奥斯卡奖是美国最高的电影荣誉奖，也是当今世界上影响最大、历史最久的电影奖之一。1929年1月，美国电影艺术与科学学院决定设立一个"学院奖"（奥斯卡奖的正式名称）。直到1931年，有个新来的学院女秘书看到这尊铜像，惊呼"奥斯卡叔叔"，因为这尊铜像使她想起了叔叔奥斯卡，一位记者立即把她的话报道出去。从此，人们便把这个人像称为"奥斯卡金像"。

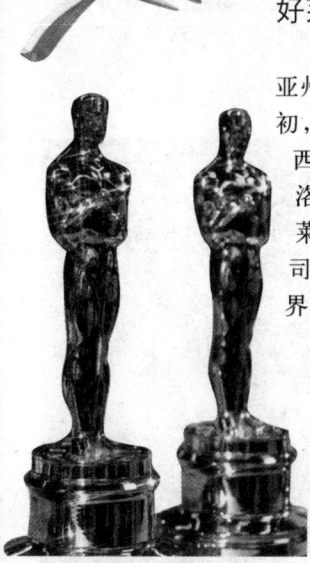

奥斯卡金像是用青铜做成的，外面镀金，对电影工作者来说，有着不可抗拒的吸引力。

电视

在英文中,电视Television是由希腊文Tele(从远处、远的)和拉丁文Visio(看)组成的,它的意思是远距离传送可视画面。电视出现之初,主要是现场摄录一些戏剧演出,然后在荧幕上播放。由于是在家庭环境中观看的,人们称它为"家庭的戏剧"。接着是在电视中播映电影,于是,人们又把电视称之为"小电影"或"屏幕电影"。它比电影更亲切,更及时,更能准确迅速地将社会生活中所发生的大小事件直接反映给亿万观众,也能将远隔千山万水的两地情况同时展示在一个画面当中。这就使电视成为电影的竞争对手。

约翰·洛克·贝尔德在调整机械电视系统的扫描设备。

电视的发明

1929年,英国伦敦通过电视系统试播无声图像获得成功,使用的是苏格兰发明家约翰·洛克·贝尔德建造的电视系统。从此,电视闯入了人类的文化生活。此后,科学家们又研制了光电显像管,图像清晰度大为提高,电视的发展向前跨进了一大步。

电视机的发展

1929~1954年是黑白电视阶段,这个阶段以直播为重要特征。直播使电视节目尤其是电视剧的制作受到很大的局限,不得不依赖于戏剧和电影的转播。1955~1966年是彩色电视传播阶段。彩色使电视传播物像信息的保真度大为提高,在向戏剧电影借鉴的基础上,电视开始独立地走自己的路,艺术表现力大为提高。现在的电视能接收由卫星传送来的节目。此外,电视的样式也多种多样,有高保真电视、液晶电视等。

黑白电视

电视节目的制作

一个电视摄影棚可以在几小时内制作游戏节目、戏剧、一系列的表演和座谈会,所以摄影棚内的布景要变化得很快。广播员和工作人员通过耳机接收控制室的指示,在摄像机后工作。进行拍摄时要注意画面镜头、构图、镜头的运动等。在这其中,构图尤为重要。拍摄完成后,就是编辑、配音。然后是合成工作,也就是把编辑配音好的内容串起来。大部分节目是提前录制的,但现场直播方式也越来越普遍。

新闻节目往往具有即时性特点,能快速提供给观众真实的报道。图为记者正在采访美军士兵。

[第七章]

Part 7

体育

体育也称为"体育运动",它以锻炼身体为基本手段,达到增强体质,提高运动技术水平,丰富社会文化生活的目的。体育运动是当代社会生活中不可缺少的重要环节。人们通过参与各类体育运动,强健了体魄,丰富了生活,大大强化了竞争意识。体育运动已经成了人们追求"更快、更高、更强",推动社会不断健康发展的强劲动力。

奥林匹克运动

奥林匹克运动是在奥林匹克主义指导下,以体育运动和四年一度的奥林匹克庆典——奥运会为主要活动内容,促进人的生理、心理和社会道德全面发展及各国人民之间的相互了解,在全世界普及奥林匹克主义,维护世界和平的国际社会运动。它包括以奥林匹克主义为核心的思想体系,以国际奥委会、国际单项体育联合会和各国奥委会为骨干的组织体系和以奥运会为周期的活动体系。

古希腊早期的运动员

奥运会的起源

奥林匹克运动会起源于古希腊,因举办地点在奥林匹亚而得名。第1届古代奥运会于公元前776年举行。到公元394年,古代奥运会共举行了293次。此后,由于罗马皇帝狄奥多西信奉基督教,禁止一切异教活动,废止了运动会。

奥林匹克之父顾拜旦

1896年第1届奥林匹克委员会在雅典开会,前排左侧第一人就是顾拜旦。

法国人顾拜旦是现代奥林匹克运动的创始人。1888年,他提出复兴奥林匹克运动会的建议。1894年国际奥林匹克委员会成立后,顾拜旦担任秘书长。希腊第一届现代奥运会后,顾拜旦继任国际奥委会第二任主席,并于1925～1937年间任名誉主席。由于对恢复和发展现代奥林匹克运动做出了不朽的贡献,顾拜旦被誉为现代奥林匹克之父。

奥林匹克五环旗

在奥运会举行期间,运动场上高高飘扬着一面白色绸布旗帜,上面绣有五个相扣的圆环,其颜色分别为蓝、黑、红、黄、绿。这就是奥运会会旗——五环旗。有人认为,这五种颜色所包含的意义是:蓝色代表欧洲,黄色代表亚洲,黑色表非洲,绿色代表大洋洲,红色代表美洲。

奥林匹克五环旗

奥委会

国际奥委会的全称为国际奥林匹克委员会,是现代奥林匹克运动的最高权力机构。它成立于1894年,总部设在瑞士洛桑。国际奥委会是一个国际性的、非政府的、非营利性的组织。

中国的何振梁1999年当选为执委会委员。2001年7月16日,比利时人罗格被选为新一届国际奥委会主席。

奥林匹克圣火

奥运会期间在主会场燃烧的火焰即奥林匹克圣火,象征着光明、团结、友谊、和平、正义。1912年顾拜旦提出了点燃奥林匹克圣火的建议,1928年开始实施点燃奥林匹克圣火的仪式。自1936年起,开始从奥运会的故乡希腊奥林匹亚点燃火炬,然后将火炬接力传到主办国,并于奥运会开幕前一天到达举办城市,开幕式时进入会场并燃烧至奥运会闭幕。

奥运会圣火

冬季奥运会

冬奥会是国际奥林匹克委员会举办冬季运动项目的运动会，是奥林匹克运动的重要组成部分。1924年开始举办，与奥运会一样，每4年举行1次，并在同一年内举行。1994年改为每两年举办一次。比赛项目有冰球、滑冰、滑雪等。1980年中国第1次派队参加冬奥会。

速滑比赛是冬奥会重要赛事之一。

北京奥运会主会场鸟巢夜景

北京奥运会

2008年8月8日至8月24日举行的北京奥运会，共有204个国家和地区的奥委会报名参加，是参赛国家和地区最多的一届奥运会。在本届奥运会上，共有87个国家和地区获得至少1块奖牌，成为历届之最。

中国进军奥运会

1932年，中国首次派运动员参加洛杉矶第10届奥运会，仅刘长春1人参加了赛跑。此后，中国多次参加奥运会比赛但未有大的进展。1979年11月26日，国际奥委会恢复了中国奥委会的合法权利，并决定台湾以中国台北奥委会的名义参加。中国又回到了奥林匹克大家庭中。在2000年悉尼第27届奥运会上，中国运动员夺得28枚金牌。在2004年雅典第28届奥运会上，中国以金牌32枚雄踞奥运金牌榜第二名。

中国申奥代表团为胜利欢呼。

BEIJING 2008
北京申奥会徽

北京申奥成功

申奥是申请主办奥运会的简称。1998年11月，北京宣布申办2008年奥运会。北京提出的"新北京、新奥运"的口号深入人心，"绿色奥运、科技奥运、人文奥运"的三大主题更是获得全世界的认同。2001年7月13日，北京申奥成功。

历届奥运会年表

1896年第一届	希腊雅典奥运会
1900年第二届	法国巴黎奥运会
1904年第三届	美国圣路易奥运会
1908年第四届	英国伦敦奥运会
1912年第五届	瑞典斯德哥尔摩奥运会
1916年第六届	因一战而中断
1920年第七届	比利时安特卫普奥运会
1924年第八届	法国巴黎奥运会
1928年第九届	荷兰阿姆斯特丹奥运会
1932年第十届	美国洛杉矶奥运会
1936年第十一届	德国柏林奥运会
1940年第十二届	日本东京奥林匹克运动会因二战中断
1944年第十三届	英国伦敦奥林匹克运动会因二战中断
1948年第十四届	英国伦敦奥林匹克运动会
1952年第十五届	芬兰赫尔辛基奥运会
1956年第十六届	澳大利亚墨尔本奥运会
1960年第十七届	意大利罗马奥运会
1964年第十八届	日本东京奥运会
1968年第十九届	墨西哥墨西哥城奥运会
1972年第二十届	德国慕尼黑奥运会
1976年第二十一届	加拿大蒙特利尔奥运会
1980年第二十二届	苏联莫斯科奥运会
1984年第二十三届	美国洛杉矶奥运会
1988年第二十四届	韩国汉城奥运会
1992年第二十五届	西班牙巴塞罗那奥运会
1996年第二十六届	美国亚特兰大奥运会
2000年第二十七届	澳大利亚悉尼奥运会
2004年第二十八届	希腊雅典奥运会
2008年第二十九届	中国北京奥运会

田赛

田赛是田径运动中跳跃和投掷项目的统称,以高度和远度计算成绩。跳跃项目包括跳高、跳远和三级跳等;投掷项目包括掷标枪、掷铁饼、推铅球、掷链球等。

跳高技术按过杆姿势不同可分为背越式、俯卧式、剪式、滚式和跨越式五种。

跳高

跳高是一项通过有节奏的助跑,单脚起跳,越过有一定高度横杆的运动。起源于古代人类在生活和劳动中越过垂直障碍的活动。现代跳高始于欧洲。跳高有跨越式、剪式、俯卧式、背越式等过杆技术,现绝大多数运动员都采用背越式。比赛时,运动员必须用单脚起跳,可以在规定的任一起跳高度上试跳,但每一高度只有3次试跳机会。男、女跳高分别于1896年、1928年被列为奥运会比赛项目。

撑竿跳高

三级跳远

撑竿跳高起源于古代人类利用木棍、长矛等撑越障碍的活动,19世纪末开始流行于欧洲国家。撑竿的长度和直径不限,但表面必须光滑。运动员一般都自带撑竿参加比赛。比赛时,运动员必须将撑竿插在插斗内起跳;起跳离地后,握竿的手不得向上移动;可以在规定的任一起跳高度上试跳,但每一高度只有3次试跳机会。男、女撑竿跳高分别于1896年和2000年被列为奥运会比赛项目。

跳远

跳远是通过助跑、单脚起跳、腾空和落地一系列动作,尽量获得最大远度的田赛运动项目。现代跳远运动始于英国。跳远的腾空动作有蹲踞式、挺身式和走步式。起跳板白色,埋入地下,与地面齐平,长1.22米,宽20厘米,距沙坑近端不少于1米。起跳板前有起跳线,起跳线前有用于判断运动员起跳是否犯规的橡皮泥显示板或沙台。运动员必须在起跳线后起跳,以运动员6次试跳的最好成绩排列名次。男、女跳远分别于1896年和1948年被列为奥运会比赛项目。

三级跳远

三级跳远起源于18世纪中叶的苏格兰和爱尔兰,两者跳法不同。苏格兰采用单足跳、跨步跳、跳跃,而爱尔兰用的是单足跳、单足跳、跳跃。现规定必须使用苏格兰跳法。比赛时,运动员助跑后应连续作3次不同形式的跳跃,第一跳为单足跳,用起跳腿落地;第二跳为跨步跳,用摆动腿落地;第三跳为跳跃,必须用双脚落入沙坑。男子三级跳远于1896年被列为首届奥运会比赛项目;女子三级跳远于20世纪80年代初逐渐广泛开展,1992年被列为奥运会比赛项目。

掷铁饼

掷铁饼起源于公元前12~前8世纪希腊人投掷石片的活动。铁饼最初为盘形石块,后逐渐采用铜、铁等金属制作。掷铁饼技术经历过原地投、侧向原地投、侧向旋转投、背向旋转投几个发展过程。铁饼可用木料或其他适宜材料制作,男子铁饼重2千克,直径22厘米;女子铁饼重1千克,直径18.1厘米。男、女铁饼分别于1896年和1928年被列为奥运会比赛项目。

体育 | 151

掷链球

掷链球起源于中世纪苏格兰矿工在劳动之余用带木柄的生产工具铁锤进行的掷远比赛，后在英国流行。男子链球重7.26千克，总长117.5～121.5厘米，女子链球重4千克，总长116.0～119.5厘米。比赛时，运动员必须在直径2.135米的圈内用双手将球掷出，链球必须落在40°的角度线内方为有效。圈外有"U"形护笼，确保投掷安全。男子链球于1900年被列为奥运会比赛项目，女子链球于2000年被列入。

推出铅球的瞬间

各种田赛项目

推铅球

现代推铅球始于14世纪40年代欧洲炮兵闲暇期间推掷炮弹的游戏和比赛，后逐渐形成体育运动项目。正式比赛男子铅球的重量为7.26千克，直径11～13厘米；女子铅球的重量为4千克，直径为9.5～11厘米。比赛时，运动员应在直径2.135米的圈内，用单手将球从肩上推出，铅球必须落在落地区角度线以内方为有效。男、女铅球分别于1896年和1948年被列为奥运会比赛项目。

掷标枪

掷标枪起源于古代人类用长矛猎取野兽的活动，后长矛又发展成为作战的兵器。公元前708年被列为第18届古代奥运会五项全能之一。现代标枪运动始于19世纪的瑞典、希腊、匈牙利和芬兰等欧洲国家。男子标枪重800克，长260～270厘米；女子标枪重600克，长220～230厘米。比赛时，运动员必须单手将标枪从肩上方掷出，枪尖必须落在投掷区角度线内方为有效。男、女标枪分别于1908年和1932年被列为奥运会比赛项目。

掷标枪

径赛

径赛是田径运动中在跑道和公路上举行的运动项目,包括竞走和赛跑。径赛有时按规定距离进行比赛,有时按规定时间进行定时比赛。竞走有场地和公路等区别。赛跑有短跑、中长跑、长跑、障碍跑、跨栏跑等。

标准的田径场地示意图
110米跨栏赛跑
100米赛跑和100米跨栏赛跑
障碍赛跑中的水沟障碍
10000米赛跑(25圈)
200米赛跑
非终点直道3000米障碍赛跑(7.5圈)
终点线
800米赛跑(2圈)
400米赛跑和400米跨栏赛跑(1圈)
1000米跑

短距离跑

短距离跑简称短跑。现代短跑起源于欧洲。19世纪末,为规范项目设置,将赛跑距离由码制改为米制。运动员比赛时必须使用起跑器,听信号统一起跑,必须自始至终在自己的跑道内跑动。奥运会比赛项目男、女均为100米跑、200米跑和400米跑。

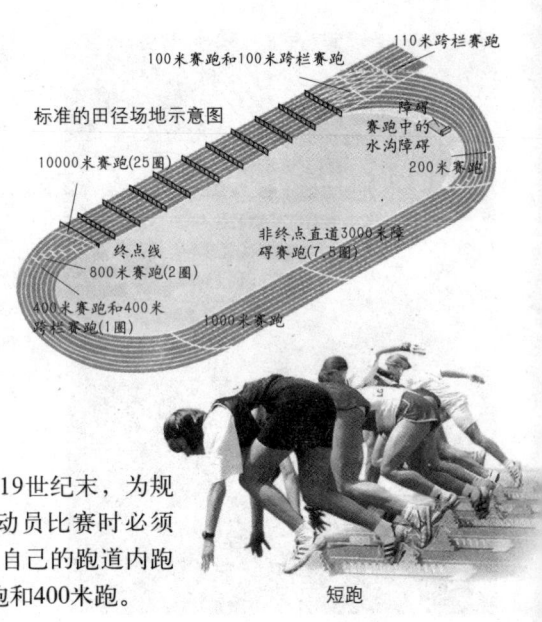

短跑

中距离跑

中距离跑简称中跑。最初项目是880码跑和1英里跑。从19世纪中叶开始,上述项目逐渐被800米跑和1500米跑项目所替代。运动员比赛时不使用起跑器,听信号统一起跑。奥运会比赛项目男、女均为800米跑和1500米跑。

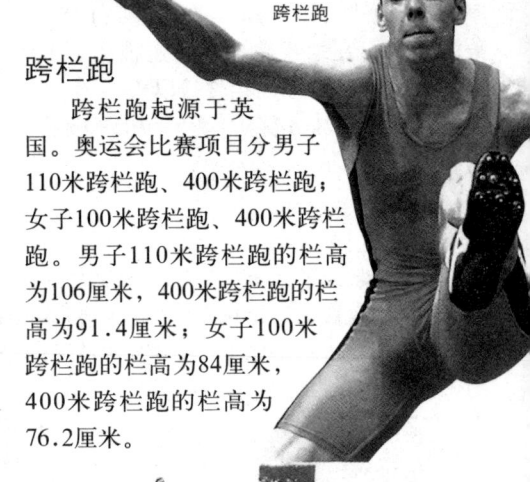

中距离跑

长距离跑

长距离跑简称长跑,最初项目为3英里、6英里跑。从19世纪中叶开始,上述项目逐渐被5000米跑和10000米跑替代。据记载,现代最早的正式长跑比赛是1847年4月5日在英国伦敦举行的职业比赛。

跨栏跑

跨栏跑起源于英国。奥运会比赛项目分男子110米跨栏跑、400米跨栏跑;女子100米跨栏跑、400米跨栏跑。男子110米跨栏跑的栏高为106厘米,400米跨栏跑的栏高为91.4厘米;女子100米跨栏跑的栏高为84厘米,400米跨栏跑的栏高为76.2厘米。

跨栏跑

中长跑的全程技术分为起跑、加速跑、途中跑和终点冲刺几个部分。

接力跑

接力跑是田径运动中唯一的集体项目,以队为单位,每队4人,每人跑相同距离。奥运会比赛项目分男、女4×100米接力跑和4×400米接力跑。接力跑运动员必须持棒跑完各自规定的距离,并且必须在20米的接力区内完成传接棒。

接力跑

障碍跑

障碍跑19世纪在英国兴起。1900年第2届奥运会首次设立障碍跑,分2500米和4000米两个项目。从1904年第3届奥运会起将障碍跑的距离确定为3000米,并沿用至今。全程必须跨越35次障碍,其中包括7次水池。

运动员障碍跑时体力消耗很大。为了节省体力,他们一般采用速度较慢的踏上跳下法跨栏。体力好的运动员一般是前程采用跨栏跑的方法跨栏,后程采用踏上跳下法跨栏以节省时间。

男子竞走比赛

竞走

竞走起源于英国。19世纪初,英国出现步行比赛的活动。竞走分场地竞走和公路竞走两种。运动员行进时,两脚必须与地面保持不间断接触,不准同时腾空;着地的支撑腿膝关节应有一瞬间的伸直,不得弯曲。比赛时,运动员出现腾空或膝关节弯曲,均给予严重警告,受3次严重警告即取消比赛资格。该项目1908年首次进入奥运会。

马拉松

马拉松起源于公元前490年。当时一个名叫费迪皮迪兹的希腊信使跑了42.195千米来到雅典,报告马拉松战役中战胜波斯人的消息。为了纪念这一事件,后人将马拉松作为一项体育运动延续下来,距离为42.195千米。1896年首届奥运会后,马拉松赛在世界各地广泛举行。马拉松在公路上举行,可采用起、终点在同一地点的往返路线或起、终点不在同一地点的单程路线。

马拉松主要在公路上跑,但起点和终点常在运动场内。

水上运动

水给人们提供了各种各样的运动和休闲的机会。水上运动可以在游泳池里举行，也可以在江河湖海上进行。游泳依靠的是肌肉的力量，而帆船和冲浪等水上运动则是依靠人驾驭风和浪的能力。在从事任何一种水上运动之前，很重要的一条就是学会游泳，因为一切水上运动都是以游泳为前提的。

正式比赛的游泳池为长方形，池内用浮标分成8个泳道。比赛一般分预赛、决赛两个阶段进行。除此之外还有花样游泳，它被称为"艺术游泳""水上芭蕾"。花样游泳的比赛在水池中进行。

游泳

游泳是人类在同大自然的斗争中为求生存而产生的。现代竞技游泳始于19世纪。男子、女子游泳分别于1896年和1912年被列入奥运竞赛项目。竞技游泳包括自由泳、蛙泳、蝶泳和仰泳四种姿势。正式比赛的游泳池长50米、宽21米，水深1.80米以上。池端装有电动计时器，池内有8条泳道。

运动员从跳板或跳台跳下到入水前，要完成一系列动作。

仰泳

仰泳时运动员脸部朝上，以与自由式相同的方式游动。一只手划入水中，另一手出水时换气。运动员腰部必须伸直，抬起下腭，这样身体较易浮在水面上。

仰泳

蛙泳

蛙泳是人们在学习游泳时普遍首选的游泳姿势，是人类模仿青蛙在水中划水的姿势而逐渐形成的。蛙泳时运动员两手同时向前伸出，张开双手时同时划水，两脚的膝盖弯曲，一面张开一面以脚掌踢水。蛙式游泳消耗体力最少，适合长距离游泳时使用。

游泳是奥运会热门比赛项目之一。

自由泳

自由泳

自由泳时运动员全身伸展，俯伏在水中；左右两臂交替划动；两腿踢动前进，膝盖不可弯曲，由大腿根部开始踢动。当手划出水面时，脸部侧转换气。自由泳是速度最快而且最具魅力的游泳。自由泳在奥运会比赛中占有重要的地位，男子自由泳比赛项目有7项，女子有6项。自由泳往往被看作是一个国家游泳水平的标志。

蝶泳

蝶泳时运动员两手一起向水中压下,以产生的反作用力将身体抬起,双脚并拢如海豚般摆动。手划动一次,脚拍打两次;双手开始划水时,头抬起换气。

花样游泳

花样游泳

花样游泳由游泳、技巧、舞蹈和音乐编排而成,比赛必须在面积至少12×12米、水深3米的池内进行。运动员可以在陆上开始,但必须在水中结束。花样游泳分规定动作和自选动作两种,自选动作应有音乐伴奏,各动作均有难度系数。每个动作最高得分为10分,以得分总和评定成绩。1984年,花样游泳成为奥运会正式比赛项目,有单人和双人两项,1996年改为团体赛。

蝶泳

水球比赛

跳水

跳水运动被称为"空中芭蕾"。跳水比赛共分为男、女跳板、跳台4个项目。比赛有六组规定跳水动作:向前跳水、向后跳水、臂立跳水、转体跳水、面对池反身跳水和面对板向内跳水。参赛运动员要做一套不同的动作,每完成一个动作裁判委员会根据动作难度和完成的质量评分。

水球

水球是两队一面游泳,一面抢球,设法将球射入对方球门而得分的比赛。男子水球比赛场地长30米、宽20米;女子的长25米、宽17米;水深至少1.80米,两端各有一个高90厘米、宽3米的球门。比赛分两队,每队由7名运动员组成,其中1名为守门员。每场比赛为28分钟,分4节。射入对方球门得1分,以最后得分多者为胜。

帆船

帆船是利用风帆力量推动船只,在规定距离内比赛航速的运动。

帆船

帆船分稳向板帆艇和龙骨帆艇两类。稳向板帆艇轻快灵活,可在浅水中行驶,是世界最普及的帆船。龙骨帆艇也称稳向舵艇,体大不灵活,稳定性好,帆力强,只能在深水中行驶。比赛在海面进行,共进行7场,取其中成绩最好的6场之和评定总分。

冰雪运动

冰雪运动是在冰上或雪上进行的，因此又称为冬季运动。这类运动中最流行的是滑冰、滑雪和冰球。冰雪运动的主要竞技场合是冬季奥林匹克运动会。冰上竞技项目主要有速度滑冰、花样滑冰、滑雪和冰球等。

双人花样滑冰

滑冰

滑冰分为速度滑冰和花样滑冰两大类。速度滑冰起源于欧洲。古代寒冷地区的人为了在冰面上快速行走，发明了这项运动。到了17世纪，滑冰从一种交通手段逐步演变成体育竞赛项目。速滑能提高人的心肺功能，增强防寒能力，培养坚强的意志。花样滑冰起源于17世纪的荷兰。运动员在音乐的伴奏下，穿着特制的冰鞋在冰面上滑出各种曲线；同时，身体表演各种舞蹈和技巧动作，姿态优美，有"冰上芭蕾"之誉。

花样滑冰

花样滑冰将滑冰运动与舞蹈艺术融为一体，给人以美的享受。花样滑冰的冰场长56~61米，宽26~30米，冰的厚度不少于3~5厘米。1924年被列为首届冬奥会比赛项目。有男、女单人滑，男女双人滑和冰上舞蹈4个比赛项目。每个国家和地区每项限报3人（队）。

速度滑冰

速度滑冰采用分组预、次、复、决赛的淘汰制，抽签决定道次。比赛出发时，多名运动员在一条起跑线上同时起跑，滑行过程可随时超越对手。运动员必须戴护盔和防护手套。1992年，速度滑冰被列为冬奥会比赛项目，有男子500米、1000米和5000米接力，女子500米、1000米和3000米接力等项目。

单人花样滑冰分男子和女子两种，表演时可表现规定动作或自由式动作。

速度滑冰鞋　　花样滑冰鞋　　冰球鞋

滑冰鞋

滑冰鞋的种类由于比赛项目不同，冰鞋刀刃的形状、长短、宽度都不相同。

滑雪

滑雪就是利用固定在鞋或靴上的滑雪板，在积雪的山上或原野以滑行的方式前进。滑雪比赛主要分为跳台滑雪、自由滑雪、滑板滑雪、越野滑雪等几种。

运动员在速度滑冰比赛时，争分夺秒，每圈都要交换跑道。

滑雪用具

跳台滑雪

跳台滑雪需由高台滑下，在中途截断的台面上，奋力朝空中跃起，是讲求距离与平衡的竞赛。它起源于挪威，又称跳雪。1860年，挪威德拉门地区的两位农民在奥斯陆举行的首届全国滑雪比赛上表演了跳台飞跃动作，后逐渐成为一个独立项目并得到广泛开展。1924年，跳台滑雪被列为首届冬奥会比赛项目，现设90米级、120米级和团体3个男子项目。

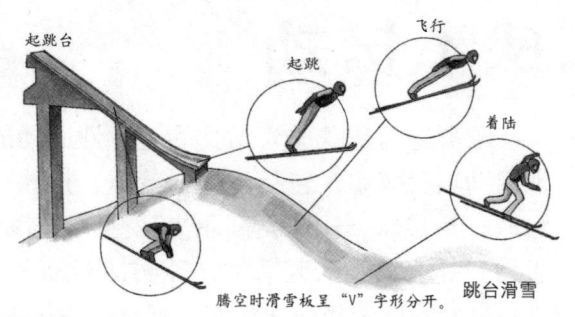

腾空时滑雪板呈"V"字形分开。
跳台滑雪

越野滑雪

越野滑雪是以滑雪板和滑雪杖为工具，在丘陵起伏的山地按规定的线路进行的一种雪上竞赛项目。这项运动起源于北欧，故又称北欧滑雪。1924年被列为首届冬奥会比赛项目。单项比赛出发时，每次1人，间隔30秒，顺序由抽签决定，以到达终点的时间确定名次。接力项目比赛时，集体出发，道次由抽签决定，以每队队员滑完全程的时间之和计算成绩和名次。

越野滑雪

自由滑雪

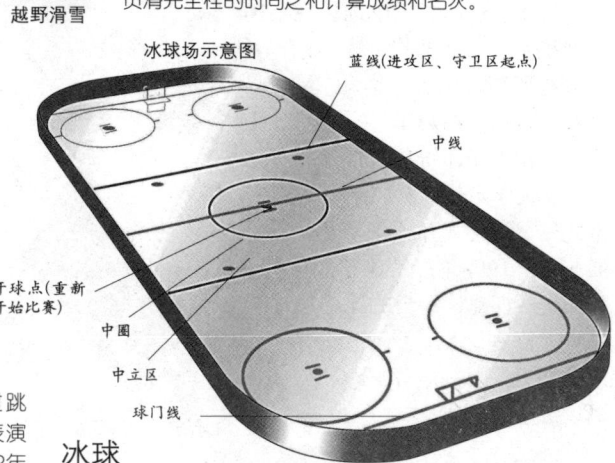

自由滑雪

自由滑雪中，滑雪者需冲入空中经过跳跃、旋转后落地，是必须具备马戏团特技表演技巧的比赛项目，始于20世纪60年代，1992年起被列为冬奥会比赛项目，设男、女空中技巧和男、女雪上技巧。男、女雪上芭蕾分别于1988、1992年被列为冬奥会表演项目。

滑板滑雪

滑板滑雪

滑板滑雪起源于20世纪60年代中期的美国。1993年起举办世界锦标赛，1998年被列入第18届冬奥会，设男、女大回转和滑道技巧等比赛项目。比赛时运动员在"U"形滑道内边滑行边利用滑道做各种旋转和跳跃动作，裁判员根据完成的动作难度和效果评分。主要动作有跃起抓板、跃起非抓板、倒立、跃起倒立、旋转等。

冰球场示意图
蓝线(进攻区、守卫区起点)
中线
开球点(重新开始比赛)
中圈
中立区
球门线

冰球

现代冰球(冰上曲棍球)在19世纪70年代开始于加拿大，它是一种在冰冻池水和湖面上进行的类似曲棍球的冬季户外运动形式。冬奥会的冰球比赛就如同夏季奥运会中的足球比赛，虽然金牌只有一块，份量却很重。当今世界冰球强国有俄罗斯、捷克、加拿大、美国、瑞典、芬兰等欧美一些国家。

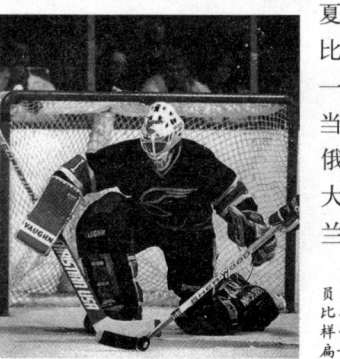

冰球比赛每一方有6名运动员，穿着冰鞋在冰球场上进行比赛。冰球比赛不像曲棍球那样使用圆球，而是用一个细小扁平的橡胶圆饼。

球类运动

球类运动是以球为工具的竞技性运动的总称。球类运动项目较多,包括足球、篮球、排球、羽毛球、网球、乒乓球、棒球、高尔夫球等。球类比赛对抗激烈,具有很强的观赏性。球类比赛需要运动员具备良好的体能和心理素质,善于运用技术和战术争取胜利。作为人们最为喜爱的体育竞技运动,球类运动往往被倾入了浓厚的商业和娱乐色彩。

足球守门员正在扑球。

足球

足球运动起源于中国,在英国得到了发展。初期的足球运动并没有所谓球例、场地和人数的限制。1848年,英国剑桥大学印行10条《剑桥大学足球规例》,至此足球运动才开始蓬勃发展起来。1908年,足球正式被列入奥林匹克运动会的比赛项目之中。现在,足球已在全世界广为普及,成为一种令众多球迷痴迷的运动。

篮球

篮球运动最早从1891年开始。世界公认的篮球运动的创始人,是美国的一位名叫奈史密斯的体育教师。人们最初是将竹篮子钉在墙上,然后运动员向篮子里投球,篮球的名称即由此而来。当时,篮球的规则和人数都不固定,后来经不断改进,形成了现代篮球规则。

排球

1895年,美国人摩根发明了最早的排球。随后,排球运动逐步普及并推广开来。排球传入亚洲较早。通过基督教青年会的传播,1900年排球传入印度,1905年传入了中国。排球传入亚洲后,亚洲各国都经历了16人、12人、9人、6人的过程。

主攻手 / 自由人 / 二传手 / 副攻手 / 副攻手 / 主攻手 / 排球网 / 中线 / 自由人 / 进攻线 / 端线

篮球运动员正在运球。

羽毛球

羽毛球比赛是双方运用各种战术、技术，将球在网上往返对击，以把球击落在对方场地内或迫使对方击球失误为胜。比赛项目有男子单打、男子双打、女子单打、女子双打、男女混合双打5个单项以及男子团体、女子团体两个集体项目。

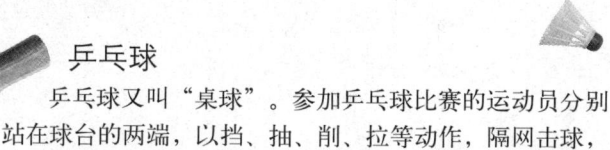

羽毛球及球拍

乒乓球

乒乓球又叫"桌球"。参加乒乓球比赛的运动员分别站在球台的两端，以挡、抽、削、拉等动作，隔网击球，而且球必须在台上反弹一次后过网，并落在对方台面上为有效。比赛有男子单打、男子双打、女子单打、女子双打、男女混合双打5个单项和男子团体、女子团体两个集体项目。比赛采用3局2胜或5局3胜制。

乒乓球与球拍

网球

网球是由一方发球开始，互相击球越过球网至对方场地的一种球类竞赛。网球比赛的场地有草地、沙地、泥地、塑胶地等数种，球场长23.77米，单打场地宽8.23米，双打宽10.97米。比赛共有7个项目：男子团体、女子团体、男子单打、男子双打、女子单打、女子双打和男女混合双打。比赛以4分为一局，6局为一盘。在国际比赛中一般采用"平局决胜制"，即每盘的局数打到6平或8平时再打一局，先得7分者获胜。

单打赛边线
双打赛边线
底线
网球球场示意图

台球

台球也叫桌球、弹子球、撞球，起源于欧洲。台球按玩法、规则可分为两大类，即落袋式台球和撞击式台球；按地区则可分为英式台球、法式台球、美式台球。英美属于落袋式，法国属于撞击式。美式台球（16球）在我国普及最广，玩法主要有：轮换球、8号球、唤击球、见子打子、定球打法。英式台球（22球）又叫斯诺克（司诺克），有15颗红球、6颗彩球、一颗白球，共22球。国际大赛一般多指英式斯诺克台球。

台球

高尔夫运动员正在击球。

高尔夫球

高尔夫球是一种高雅的球类项目。高尔夫球比赛一般分单打和团体两种，世界最著名的高尔夫球比赛有世界杯赛、美国公开赛及业余赛、英国公开赛及业余赛、职业高尔夫球协会马斯特斯锦标赛（又叫精英赛或超级高尔夫明星赛）等。19世纪高尔夫球从英国传入美国，20世纪传入中国。1984年，国际奥委会批准高尔夫球为奥运会正式比赛项目。

图书在版编目（CIP）数据

中国青少年百科全书. 人类社会／龚勋主编. —汕头：汕头大学出版社，2012.1（2021.6重印）
ISBN 978-7-5658-0447-2

Ⅰ. ①中… Ⅱ. ①龚… Ⅲ. ①科学知识-青年读物②科学知识-少年读物③社会科学-青年读物④社会科学-少年读物 Ⅳ. ①Z228.1②C49

中国版本图书馆CIP数据核字（2012）第003441号

中国青少年百科全书（人类社会）
ZHONGGUO QINGSHAONIAN BAIKE QUANSHU RENLEI SHEHUI

总策划	邢 涛	印 刷	唐山楠萍印务有限公司
主 编	龚 勋	开 本	705mm×960mm 1/16
责任编辑	胡开祥	印 张	10
责任技编	黄东生	字 数	150千字
出版发行	汕头大学出版社	版 次	2012年1月第1版
	广东省汕头市大学路243号	印 次	2021年6月第7次印刷
	汕头大学校园内	定 价	34.00元
邮政编码	515063	书 号	ISBN 978-7-5658-0447-2
电 话	0754-82904613		

● 版权所有，翻版必究 如发现印装质量问题，请与承印厂联系退换